THE SPIRITUAL
HEALING
by Takatsu Kazuo

創られた通りに生きるための

アワヤ《天地人》の癒し

（財）日本カウンセリング
センター常任理事
高津一夫

監修＝「天地人の館」総主
村上勝夫

たま出版

はじめに

久しぶりに整理を始めた押入の奥から数冊のアルバムが出てきた。亡くなった妻との結婚式、そして集まってきた親戚の人びと、妻の兄弟、家族それぞれの結婚式、すべてが今から四十年以上も前のことである。

今はもういない人、当時子供だった人はもう五十歳前後の大人になって、それぞれの家庭を築いている。

私は押入の整理はそのままにして、長いこと、それらのアルバムに見入っていた。当時、厚生省次官にまでなっていたオッカナかったおじさんは、パーキンソン病で数年前に他界してしまった。

人生とは何だろう。ちょうど垣根の朝顔のように、人知れず赤紫の花を朝露の中で咲かせて、もう日中にはしぼんでいく。たまたま人の目に止まれば「アー、きれいだな」と言ってもらえるだけ。目に止まっても、人の目にふれずとも一輪の花の価値、評価は神さまだけが知っている。

今朝咲いた朝顔は今朝のもので、昨日や明日のものではない。この原稿を書いている私も、今のもので、昨日や明日、同じ文が書けるはずがない。今朝だけ咲いた朝顔、今の時間だけ鉛筆を走らせている私。「今」とは何だろう。かけがいのない今、なぜ、私の目にふれた一輪の朝顔は、今朝咲いたのだろうか。何故七十二歳の誕生日を過ぎた今の私が、この本を今日書き始めたのだろうか。

「時間」とは何の意味があるのだろう。

私は偶然に今は亡き両親の下に生まれ育ってきたのだろうか。そして偶然に見合いをして結婚し、家庭を築いてきたのだろうか。父母やおじいさん、おばあさんは偶然に死期を迎えて他界したのだろうか。

アルバムの写真は、みんな若い。それはそうだ。四十年前のものだもの。それにしても早い。四十年は「アッ」という間に過ぎて行った。朝顔の一輪の命と同じなのかも知れない。

ひと夏の短い間を鳴く「せみ」や、秋の「こおろぎ」と、ノッソリ歩く「かめ」の寿命を較べてみて、何になるだろう。自分の人生や他人の人生を「時間」で測って何になるのだろう。

いつでも人は「今」しかないのだ。「時間」が大切な今の社会はどこかおかしいのかもしれない。人との約束、生活に便利なように、「時間」という尺度は必要だが、時間に追われた生活、老後という不確定な時間のためにお金をためたり、喰いたい物も我慢する生活に何の意味があるのだろう。

「酒も、タバコも、女もやらず、百まで生きるバカがいる」

このコトバに「ケシカラン」と反発する人は、頭が相当に固い。「今までのあなたの人生ご苦労さまでした」としか、言いようがない。

この本を最後まで読めば、「なんで私が石頭なのか」、自然に分かるように書いてある。

この本にある「アワヤの掟」が少しでも分かり、すぐに「掟破り」を中止できる人は幸いである。これからの人生を「時間」を気にせず、ラクに楽しく生きていけることだろう。

「アワヤの掟」とは、大自然の掟である。人間は大自然の中の小自然であるから、大自然の中に神さまが仕組んだすべての秩序、人間が自然に生きられる道が示されている。

人間がこの世を充分に楽しみながら、ラクに生きられるために神さまから与えられた武器が「自由」である。誰にでも本人の中にある「自由意志」は遠慮なく自由に行使してよいのだ。

人生を闘い抜くための武器である自由意志という名の「剣」は「もろ刃」の剣である。両方のふちに刃がついている。使い方がメチャクチャだと、結果的に自分を傷つけてしまう。

この剣をどう使えば、相手から自分を守り、そして自分を傷つけることなく、一生を自由に生きていけるのか。その極意が、この本に書いてある。

剣の達人、柳生宗厳《むねよし》石舟斉《せきしゅうさい》が子弟に与える柳生新陰流極意書の中身は、「白紙」であるという。もっともなことだ。コトバで詳細に語ろうとすればするほど、書いた文句は空しく、真実に迫れず、ウソッポクなってしまう。

だから「アワヤの掟」という、人生をウマク生きるための極意書、その巻物はこの世に存在しない。

この本に書いた内容は、私自身の体験である。そして私の師、仙人「村上勝夫総主」に出会わなかったならば、この本は世に現れなかったであろう。「アワヤの掟」

を、体得してこれからの人生をラクに楽しく生きられるようになった今、少しでも私の過去と同じように体の具合や心で悩んでおられる多くの人びとのご参考になればと思い、村上総主のお許しを得て、この本が出版されることになった。

この本を通して私や、そして間接的にでも総主とご縁ある方々に、是非とも読後の感想、批判、質問などお寄せいただければ幸いである。

【目　次】

第四章 これだけは絶対にやってはいけない

第一章　世の中に偶然はない

禍福《かふく》に門《もん》なし、すべて己の招く所による。

（「左伝」襄公《じょうこう》二十三年）——

すべての事象は必然的に生ずる

——家内が他界し、私は自由になった——

今、あなたがこの本を手にしたのも偶然の結果ではない。本屋の精神世界コーナーでも、数多くの「癒しシリーズ」が並んでおり、どうしたらラクに生きられるかなど、目移りがするくらいである。

でもあなたは迷わなかった。一度この本を手にしてパラパラと頁をめくって本棚に戻した。でもなんとなく気になり、「マーイイカ」と買ってしまったのかもしれない。

あなたは今、公的にも、私的にも問題を抱えている。数多くの本を読み、誰かに相談しても、病院に行っても、チットモ解決しない。気持ちがラクにならない。何かに追われているようで落ち着かずいつもイライラしている。肩が張る。腰が痛む。足がだるい。冷え性だ。目までショボショボ。それでも疲れた体にむち打って会社勤めに出かける。何でこんなに朝起きるのがつらいのだろう。

私も数年前まではその一人だった。ナントカ健康法など、いくら読んでも試してみてもそれだけで心身壮快とはならなかった。

私の家内は六年前に悪性リンパ腫と診断され闘病生活一年で、アッというまに死んでしまった。

「まさか自分がこんな病気になるとは思わなかった。どうせこうなると知っていたら、もっと別の生き方をしてみたかった。やりたいことはいろいろあったのに……」

入院中に家内がなに気なくつぶやいたコトバである。悪性リンパ腫とは血液ガンの一種で白血病と同じように回復全治する人は少ない。本物のガンは、治療により多少の延命はあっても、結局は治らないのではないかと思う。

家内は、わが家の大蔵大臣だった。私は家内と契約し、年収の何%が私の小遣いと、交渉で決めていた。彼女の死後、初めて私はわが家の蓄財状況を知った。「随分たまっているな」。これが率直な感想であった。老後のためと、無駄遣いを一切しなかった彼女の生活姿勢に今さらながら驚いた。

この六年間、その蓄えは減る一方である。特に会社勤めを勝手に辞めてからは、無収入で、出る一方だ。でも不思議なことに、将来の生活への不安はまったくない。

「ウソだろう」と言われても平気。「アー、あなたはそう思っているのですね」と、自分の中で呟くくらいだ。

家内が亡くなってから、私はスッカリ変わってしまった。お金は、お蔭さまでほどほどにある。妻と生活しているときは、やりたいことも思いっきりやれなかった。

家内は、私が仕事のときは、接待でどれほど遅く帰宅しても一言も文句は言わなかった。でも私には、自分が一人の人間として生きていくために、やりたいことが山ほどあった。一つはカウンセラーとしての実地訓練の周辺である。クライエント（話をしに来られた人）との関係を体で感じるとはどういうことか、分からずに困っていた。ちょうどその頃、東京目白にある俳優養成学校で、「感じ」をテーマにした一般公開の講座があったので、それに飛びつき、やがて正規に入学することとなった。夜間の授業で、生徒はほとんど十代の男女、昼はアルバイトしている人たちだった。私は夜のレッスン開始前、「お早うございます」と声をかけあいながら楽屋に入ってくる子たちと一緒にいるだけで、なにか芸能界入りした気分だった。レッスンは厳しかったが、コリ性の私は、週三回のけいこに休まず通った。そこで二年経過して気が付いたときは、その学校の副校長になっていた。

そこの校長先生と話がはずむと午前一時、終電車での帰宅もしばしばだった。もちろん家内にはものすごく叱られ、「会社以外の習い事でそんなに遅くまでやることはない」と説教された。

人はそれぞれに、現実の中にしがらみを抱えて、やりたいことも周りに遠慮してやれず、なかなか新しい一歩を踏み出しにくい。しかし、人生の終わりはいつやってくるか分からない。そして自分のやりたい事は、本当に自分がこれから生きていく上で必要なことなのかと、他人に言われると迷ってしまう自分でもある。

皮肉にも家内の死によって、私自身の行動は解放されたが、「もう自由なんだ、誰も私の生き方を妨げられない」という喜びとはウラハラに、家に帰ってきても、玄関の靴の並び、読みかけの新聞、食べた茶わんや皿などが出る前と何一つ変わってないのに驚いた。誰もいない家と頭では分かっていても、三カ月くらいは「アレ？」「ヤッパリ」の連続だった。

家内が他界してちょうど一年後、私は偶然の機会に高崎市内に住む不思議な老人と出会った。その出会いのいきさつについては二年前に出版した本の中で詳細に記述してあるからここでは省く。

その本の題名は

「洗心」という癒し（たま出版）

である。

不思議な老人と出会ってから五年間、私は「人間」について、いろいろなことを学んだ。人間は大自然の中の小自然である。その人間は、生まれる前があったのか、なかったのか。あったとしたら死後はどこへ行くのか。自分とは何か。どうすれば毎日健康で、楽しく生きられるのか。

私は、これからの自分はどう生きていけばよいのか、その秘訣を老人から直接に伝授された。そして納得した。

「なんだ、そうだったのか」

私は今年満七十二歳。今は一人で福島県阿武隈山系の山奥に住んでいるが、チットモ寂しくない。これは不思議な老人から、いろいろと教えられ、それを日常生活で実行しているお蔭である。

私は老人から学んだ人間の生きる道を

「アワヤの掟」

と名付けた。自然界と共存して楽しく、健康に生きていくためには、人間も自然界の

「掟」を守らなければならない。動物その他すべての生き物は、自然とこの掟を守っているのである。

「アワヤの掟」を書いた巻物はない。人間は動物と同じく、「アワヤの掟」を断片的に昔から垣間見ている。でも、その背景、全体像が人間に分からないため、ただ断片的に「アー、ソーカ」で終わりになってしまっている。もったいないことだ。

世の中に偶然はない。

なぜ、あなたがこの本を手にしたのか。

あなたはこの世で何をするために生まれてきたのか。

あなたが今すべきことは何なのか。

病気、事業の失敗、家庭内のトラブルはなぜ生じてきたのか……など。

「あなたにとってのさまざまな疑問、悩み」が、自分自身で、「アーそうだったのか」と分かるヒントがこの本の中に満載されている。

これからは、ラクに、楽しく、明るく健康で毎日を過ごすことができるよう、そしてやりたいことが今すぐにやれるように、自分が納得して行動することが、なにより大切なことである。

人間万事塞翁《さいおう》が馬

――すべては神さまの計らい――

世の中に生ずるすべての現象は、偶然に起きてはいない。大自然も人間社会もみんな同じ、原因があって結果がある。

人間一人ひとりでみても、病気、交通事故、家庭破壊、破産、予期せぬ事故すべてが、その本人が自分の必要により招いた災害である。人生の幸せとか不幸とは、その人にとって何なのだろうか。中国の故事（むかしあった事実）としてよく引用されている伝説に「人間万事塞翁《さいおう》が馬」がある。

むかしむかし、北方の塞《とりで》の近くに占いをよくする老翁が住んでいた。その老人が大切に飼っていた馬がなぜか塞を越えて隣国へ逃げてしまった。みんなが気の毒に思って慰めると、老人は

「いや、そんなに悲しむことでもありますまい。なにかいい事が起こるかも」

と言った。それから数カ月ののち、逃げた馬が隣の国から名馬を連れて戻ってきた。

みんなが、

「よかった、よかった」

と、お祝いのコトバを言うと、老人は
「これが不幸のもとにならなければいいが」

と言う。老人の家にはそれから良馬が増えて、一見幸せそうだったが、乗馬好きの息子が馬から落ちて脚を折ってしまった。みんなが
「お気の毒に」

と、お見舞いにやってくると、また老人は
「いや、これでまたいい事がやってくるかもしれん」

と言う。やがてその一年後、隣国が攻めこんできた。若者たちは弓を引いて応戦し、十人のうち九人が戦死した。老人の息子は不具のため、戦いに出られず、親子とも命ながらえたという。

この故事で、簡単に、

「不幸は幸福のもと」

「幸福は不幸のもと」

とは言いたくない。そうではなくて、「不幸」とか「幸せ」とか、自分の身の周りに起きた現象をなぜハッキリと二つに分けたがるのか、その意味を考えてみよう。

この世には、毒へびも、人を襲うクマもいる。カッパライ、ヒッタクリ、放火、殺人をする人もいる。では、毒へびや殺人をする人が悪いのか。

人喰いワニでも、人喰いウイルスでも神さまから許されてこの世に存在している。人間に喰べられてしまうサバやアジも、そして繁華街に起こる通り魔殺人も、それぞれが今の自然の仕組みの中で「ある役割」を果たしている。

人間の体内を蝕み始めている各種の新型ウイルス、大地震や天体の衝突が引き起こす大災害なども、人類が招いた地球環境の激変が原因である。人が生きていくために、必要があって高速道路やジェット機を開発した結果の自然破壊なのだ。

大自然はそのまま神さまであり、地球も生きている。生きるのが苦しくなった地球は、ポールシフト（地軸の移動）や、巨大隕石の衝突を必要により呼びよせて、地球大地を新しく耕し、人類の大部分を消滅させる。消滅の原因がウイルスか大洪水か、熱波か、それとも便利に使っていた化学合成薬品や麻薬汚染か、すべてが神さまの配慮である。

神さまはとても慈悲深く、信心深くいれば、自分に悪いことなどするはずがないとわれわれは思い込んでいる。ところが川の近くに一軒家を建てて引っ越したその晩、集中豪雨で河川が氾濫し、新築した家が一瞬のうちに倒壊してしまった人もいる。ローンを目一杯借りて建てた家なのに。

世の中には神も仏もないと、そのような状況を目の前にした人びとは嘆くだろう。これも自分に必要があって招いた災いとは、とても納得できない。偶然に川の傍に家を建てた。その土地の不動産屋の人は、ここまで洪水がきたことはないと言う。やっと見つかった田舎の土地、まさかと思われた災害。人びとはそれを

「タマタマ、偶然が重なっただけ」

と言う。そう言わずにいられない自分や家族。そして呟く

「人生とはなんだろう」

と。

「人間万事塞翁《さいおう》が馬」と、自分や自分の周辺に起きた「不幸」な現象をクールな目で洞察できるほど、人間は強くない。自分の人生をどう解釈しようと、それはそれであなたの勝手である。でも人生を、昨日より今日、今日より明日と期待をもって「ラ

クに楽しく生きていこう」という気持ちの強いあなたなら、「偶然」についても別の見方ができるかもしれない。

「アーソーダッタノカ」

とこの本を読んで自分で気付いたとたん、あなたはもうラクにこの世を渡れる人になっている。

今夜は半月である。そう言えば何日か前は夕方、西の空に三日月が見えた。もう萩の花も咲き始めた。夏中は毎朝元気よく「ホーホケキョ」と鳴いていたウグイスの声もパッタリ途絶え、ミンミン蟬も終わり、コオロギの声も弱くなった。秋がきたのだ。やがて紅葉の季節となる。今年は朝晩と日中、寒暖の差が激しいので昨年よりはキレイな紅葉が楽しめるだろう。

三日月も半月も、十五夜の満月でも、太陽の光を反射する面積が変化しているだけで、月自体はいつでも丸く、変わらない。月と太陽の位置の関係で、月を観る人びとにその変化を楽しませてくれているだけである。春夏秋冬、その季節にあわせて山や野の姿は変わるけれど、地球そのものは変わらない。人間もこの世に生まれて両親の下で成長し、やがて大人になり、人生に疲れ、喜び、悲しみの中で一生を終える。身体は赤ん坊、青年、老人と変化するが、その人の中にいる神さまの分身、神魂と、神魂が統率しているその人の直属先祖霊五千人は、生前も、この世でも、死後も、神魂が魂の古里へ帰るまでは変わらない。

その辺の仕組みがオボロゲながらでも分かれば、偶然は世の中に存在せず、すべてこの世に起こることは必然であることも、あなたには了解できるだろう。統計数学の世界でも、人間の背の高さはバラバラではなく、学校などのある集団の中では正規分布をしている。一人ひとりは偶然にある家庭環境の中で育って、食べ物も、運動のやり方も違っているはずなのに、多勢の中では自然のオーダー（仕組み）から外れてはいない。

公衆便所の利用状況も同じである。トイレを使う人は、そのとき偶然オシッコやウンコがしたくなり、近くの公衆便所に入るが、いつ、どの時間に何人利用するかを記録して分析してみると、正規分布ではないが、ある種の確率分布曲線の中に、トイレを利用する時間や人数がおさまってしまう。だからどの町のどこに、どのくらいのスペースを有したトイレが必要か、予測可能なのである。

人間一人ひとりが経験する「偶然な現象」も神さまの目から見たある人間集団では、

必要な行為、必然的な動きなのだ。そう納得できれば、世の中に生ずるすべての現象は、神さまの計らいで「よい」も「悪い」もないのだということが分かる。

火つけも、カッパライも、詐欺、殺人も、すべて神さまに許されて存在するのだ。そこで「自分が何をしたいのか」だけが、自分に与えられた自由意志でこの世を渡る武器になるのだ。他人からどう思われようとも、自分の中からそのとき「偶然に」湧いてきた思いだけが、自分がこの世をラクに生きていけるための「クスリ」となる。

読者は、著者のコトバで「ゴマカサレタ」ような思いになるかもしれない。しかし、もう少し辛抱して次のページへ進んで欲しい。

神さま、仏さまとは

――人間は神さまに操られている――

世の中に「偶然はない」としたら、「必然」はどんな仕組みでやってくるのだろう。今年（平成十一年）の夏は、全国的に記録的な集中豪雨が各地を襲った。神奈川県ではダム放流で川が急に増水し、中州でキャンプをしていた十八人が取り残された。対岸に逃げた四人を除いた十四人が、既に中州も見えない濁流の中で子供を抱え、肩を寄せ合って棒立ちしている姿がテレビに映し出された。なんとも痛々しい、悲しい出来事であった。流された多勢の人たちは命を失ってしまった。

ダム放流の警報で現場を立ち去った人もいる。生か死かの分かれ道をどちらかに選ぶのは偶然なのだろうか。

選ぶのは自分だが、自分とは何か。

偶然はない。中州に残るか、危ないと思ってその場を去るか、自分は何を頼りにして決めたのだろうか。

人間には誰でも自由意志が与えられている。

それは誰から？

神さまから。

目には見えない神さまが、神さまの分身として人間を創ったのだ。

大自然（神さま）の分身が小自然（人間）である。人間の体全体の筋肉、それを構成している六十兆の細胞、この六十兆という数字は不思議にも全地球上の生きものの総数でもある。人間の脳細胞百四十億は、これもまた宇宙、銀河系の星と同数なのだ。そして人間の体型と骨格、すべての関節は三百六十五ある。これは地球と太陽との一年間の関係、三百六十五日と同じ数になっている。これも偶然なのか、必然なのか。

人間の幽体の容器が肉体であるとするならば、人間の容器は地球である。

その地球は、人間が己のよりよい生活のため、開発に開発を重ね、そこから富をつかもうとした結果、壊れてしまった。もはや壊れてしまった地球という容器には数多くの人間が快適に住めなくなった。そこで神さまは、人間が開発という名で破壊してきた地表を、破壊前の姿に修復する。それが直下型大地震であり、一瞬のうちに地割れして大都市をそのまま呑み込むことになる。

人間が必要以上の数は住めなくなる地球、人類の半分は滅亡という禍いを自分たちで招いたのだ。終戦直後は、着る物、住む場所、食料、すべてが最低生活で、「まずい」とか「うまい」とか、贅沢は言わず、生きるためにはそれで間に合わせていた。それでも今より病気をする人は少なく、糖尿病や花粉症など、めずらしいくらい、みんな健康だった。

地球という容れ物が壊れれば、その中に人間は住めない。同じように壊れた肉体の中に神さまの分身は住めない。

ここでハッキリ言おう。

私たち人間は、神さまに操られている。神さまが私たちの肉体を自由に使おうとしているのである。

その証拠はいくらでもある。

人間の科学がどこまで進んでも、人工皮膚は本物の代行はできない。胃液や唾液そのものは絶対につくれない。大自然（神さま）と同じく小自然（神さま）がつくるのである。

人間自体もそうだ。いくらお父さんとお母さんが、「素直で丈夫な頭のいい子に」

と願っても、指一本さえも自分たちではつくれない。大自然（神さま）の分身が、受胎の瞬間、胎児に入魂される。両親とは関係なしに胎児は神魂が育てるのである。中絶は母親または両親の自由意志だ。胎児はこれに文句を言うことなく、この世を去っていく。水子のたたりなど、この世にはない。

多くの人は、神さまは人間の外にいると思っている。人間は大自然（神さま）の中の小自然であるから、神さまの分身は自分の中にいるのである。

では、仏さまと神さまは、どこが違うのだろうか。世の中では「神仏」と称して、神と仏は同格と思いこんでいる人も多い。

母はいつも、「死ぬ時はコロッと死にたい、年とっても中気だけにはなりたくない」と、私が子供の頃から言っていた。中気とは中風とも言い、脳出血などによって起こる半身不随である。それで雨の日も風の日も近くの「九品仏、浄真寺」にお参りに行っていた。中気で倒れるまでの五十年間以上、仏さまに「中気」にならないよう、「願」かけていたのだ。でも九品仏の仏さまは、その願いをかなえてくれなかった。

神さまの世界に邪気はない。大自然の気、つまり正気だけがある。

人間も生まれた時は、誰でも陽心、陽気、陽性である。いわゆる「天真爛漫《てんしんらんまん》」、無邪気と世間で言われている赤ん坊がそうである。

赤ん坊から子供になると、「どうしたら親にもっと可愛がられるか」と、真面目に考えるようになる。「お前はよい子なんだから勉強しなさい。弟や妹をいじめるな。よそのお家へ行ったらお行儀よくしなさい。お菓子も半分ずつ、どっちが大きいなどと言わないように」などと、親の見栄や私欲で、「自分の子供は自分のモノ」という感覚で、父親、母親好みの「言うことを聞く」子供に仕立てようとするからである。

放課後の校庭で、また帰宅後は近所の友達と、思いっきり遊びたいのに塾通い。英語やピアノの個人レッスンなども強いられ、不満タラタラ、遊ぶ時間もない。だけどそれを素直に言い出せない「お利口な子」が出来上がってしまった。親に可愛がられたい。それには遊びたいのは我慢して、自分のやりたくないことばかりやらせられてしまう不満から、子供の中に邪気がたまる。

大人になっても学校や社会で、他人から気に入られようと、体裁だけ格好よく「自分じゃない自分」を演出する。そうなったのも、初めは親が悪いのだろうが、結局、みな誰でも自分でそのように邪気をつくってしまうのだ。

頭が生まれつき悪い癖に、誰かの知識や本を読んで利口になろうとする。本当の自分を隠すから、それが邪気となる、本当の自分を隠すから、医学・科学・宗教などの世界にニセ者の先生が多い。名声だけを追いかけ、自分が本当にやりたいことが死ぬまで分からず、いつも悩み、いつも満たされることなく他人の評価を気にしながら他界してそのまま幽界をさ迷っている霊たち、それも邪気だらけである。

人間は死んで仏になるという。

仏壇に「仏さまに」と毎朝さし上げる水、ごはん、果物その他の食べ物は腐りやすい。仏さまは「あの世」で、人間から食べ物を施されて安堵している。死んだ者は、決して生きている人間の願いを開き届けることはありえない。お供えした食べ物は仏に精気を吸われ邪気だけが残る。

神は与えるだけである。神さまを祭った壇に奉納した鯛や野菜は腐りにくい。だから氏子がそのおすそ分けを頂いている。

不思議なことに、私の恩師、村上総主に、「先生に」と自宅の香炉の前に供えた水は腐らない。同じ日に仏壇に上げた水は、翌日に飲むととてもまずい。誰の家でやってても同じ結果が出る。もちろん自宅の香炉には村上総主の気が入っている。それにしても不思議なことだ。総主には正気があるのみで、邪気がないからだ。

仙人は玉石が好きだ。

中国湖南省長砂にて、今から二千百年ほど前に埋葬されたといわれる馬王堆王妃《まおたいおうひ》の屍体が、昭和四十七年（一九七二年）の秋、発掘され、奇跡的に腐爛せずに残っていた。その遺体は、玉の衣で覆われていた。

古代の中国の帝王は、座る所は「玉座」、衣は「玉衣」そして寝室の枕は「玉枕《ぎょくちん》」、居間には「玉の香炉」を安置し、酒を飲む杯は「玉杯」などすべて玉石ずくめの生活だった。

仙人の住む部屋にも、高価な玉の香炉や玉枕が置かれているという。仙人の気（正気）は、冷たい玉石の中に入り、一度入った気は、玉石が砕けても抜けない。

私も仙人の気入り玉石香炉を、新築の家の床の間に飾りたいと仙人にお願いした。「いいよ」と言われて、分けていただいた。今、わが家には香炉が三つある。床の間には大型のもの、玄関には魔よけに中型のもの、そして小型の移動携帯用である。

この本の原稿を書いている今、小型の香炉は布に包んで私の股の所にある。私と同じように、仙人から譲り受けた香炉を携帯していた女性のSさんは、ある日ビックリ

してしまった。きれいな玉石香炉の緑色がすっかり黒ずんでしまっていたのだ。慌てて仙人にそれを見せたところ、

「あなたの邪気をこの香炉が吸い取ってくれたのだ。よかったね」

と言われた。そしてその黒ずんだ香炉に手を触れ、その後何時間か仙人が自分の懐に入れてしまった。

しばらく経って仙人は、その香炉を懐から出してきた。

「ホラ、邪気が抜けたよ」

Ｓさんはまたビックリ、香炉は元のきれいな緑色に輝いていたのだ。石が変色し、その変色がまた消える。同席していた数人のスタッフも信じられないという顔つきだった。Ｓさんは香炉をお風呂の中に入れて、毎日入っている。お湯がなにか柔らかくなり、気のせいか肌もスベスベしてきたとのことだ。

私は毎日、仙人気入りの玉枕を頭に、そして寝具の布団の中には小型の香炉を入れて寝ている。冷えた玉石からは不思議と温かい気が出ていて、そのためか夜はいつでもグッスリである。

話がすっかりソレテしまった。元へ戻そう。

人間の中にも神さまの分身が存在する事はわかった。そして何事にも偶然はなく、すべての現象は、必然的に自分が招いたことであることもわかった。

でもそれだけでは、集中豪雨で中州に取り残され死んで行った人たちと、増水前に中州から逃げ出し一命をとりとめた人たちの、その分かれ道の選択にはどういう仕組みが存在していたのか、われわれは納得できない。神さまのなさることは、大自然そのものの働きであり、その全体はおろか、そのごく一部分でも理解することは、不可能に近いくらい難しい。その難しさは充分に承知しながら、「増水した中州にとどまる自由」を選択した人びとの運命の仕組みをもう少し追究してみたい。

それにはやはり人間の生まれる前があったのか、そして死後はどこへ行くのか。どうしてもその問題をここで取り上げておかねばならない。

「あの世」と「この世」
――自分とは何か――

人間はいつも同時に二つの世界に住んでいる。今、目に見える自然界と、生前、死後に住む世界である。現世、来世、過去世など、「自分とは何か」が分からないため、さまざまな混乱が生じている。

カウンセラー、医者、学校の先生、両親、政財界のリーダーなど、あらゆる分野の最先端で活躍している人びとが、「自分とは何か」を理解していたら、これほどまでにこの世の中はメチャクチャになっていなかったろう。

とくにクライエント（心の悩みその他の相談に来られた人）と一対一で真剣勝負をしているカウンセラーと言われている人たちが「自分が何か」が分からなくて、どうして来談者（クライエント）の話を聴くことができよう。

「あの世」と「この世」について、一般の人びとの理解は、大ざっぱに次の三つのタイプに分けられるのではないか。

タイプ①　「あの世」なんてない！

人間の肉体はいずれ滅び行くもので、死んだら何もかも終わりだ。父母の都合で勝手に生まれさせられたのに、こんなつらい人生、せめて死ぬことぐらいは自分で自由に決めたい。

臓器移植か！　オレもなんか世の中のお役にたちたい。カードにＯＫのサインでもするか。

タイプ②　「あの世」はあるかもしれないけれど……

じいちゃんもばあちゃんも毎朝お燈明に火を入れて、なにやらお祈りしている。仏壇の傍の高い所には神棚があり、火（かまど）の神さまがいて、子供の合格祈願や安全運転のお札などが雑然と並んでいる。炊き立てのご飯やお水など、仏にも神にも毎朝差し上げている。

それを毎朝子供の頃から見てきた大人は信じている。死んだら「あの世」に行くんだ。

だからお彼岸には先祖代々のお墓にお参りに行っているんだ。

私も死んだら「あの世」に行くんだ。

それにしても「あの世」とはどんな所なのだろう。私は随分と親不孝、ズル休み、ウソなどついてきたので極楽へは行けないじゃないか。エンマさまに舌を抜かれて、地獄へ落とされるのだろうか。これからでもヤッパリ真面目に正直に生きていかなければ。

タイプ③　見えない世界を実感できる

人間の生まれかわりは絶対にある。本屋に行けばその種の本が山ほどある。私は誰の生まれかわりなのだろうか。クレオパトラならいいが、それほど美人ではないし……。

私はときどき、体の具合が悪い人が傍に寄ってくると、急に苦しくなったり、肩が急に痛くなったりする。後でその人に聞くと、やはり肩が凝って痛くてしょうがなかったという。「今は少し楽になった」と言われると、なんだか私がその人の痛みを吸い取ったみたいな気がする。

この前は、私を小さいときから可愛がってくれていた北海道のじいちゃんが、東京の家へ急にやってきた。「どうしたの、じいちゃん」と声をかけたところ、寂しそうに笑って手を振って消えてしまった。「どうしたんだろう」と気になっていたら、「北海道のじいちゃんが、今死んだ」と電話連絡が入ってビックリした。「そういうことってあるんですね」。

サン・テグジュペリ著『星の王子さま』の最後にもあるが、王子さまは魂の古里へ帰らなければならないため、毒蛇に体を咬んでもらった。「この重い肉体は持って行けないから」と呟いて。

人間は、その肉体がこの地球上において何をするのか決まって生まれてくる。その生命が、その肉体が、この世で必要でなくなったとき、幽体は肉体から離れて、「あの世」へ行く。それはいつ、肉体から抜けるかではなく、抜けたとき、幽体が離脱したその瞬間が死なのである。

魂、幽体が抜けてしまえば、肉体は動かなくなる。そのとき肉体を焼こうと切ろうと、痛みも何も感じることはない。魂の入っている間は痛いし、いろいろ考える。人間の魂が受胎の瞬間に胎児の中に入って、その肉体を使ってさまざまなことをやれる時間は、生まれる前から決められている。それが寿命である。

「自分の肉体の中にある魂には、直属の先祖霊が五千人入っていて、それを統一す

るための神魂という魂が、それぞれ人間一人ひとりの中にある」(村上総主)

これを聞いた私はビックリした。子供の頃から今まで、精神世界に関する本をトラック一杯分ぐらい読んできた。「あの世」についても、人間や宇宙の仕組みについても、さまざまな説があった。それでもこれほどハッキリと神（大自然）と人間の関係、人間が「この世」に生まれてきた目的、そして直属先祖霊五千人が今の私の中にも入っており、昼夜、私の肉体（心）に働きかけているという解説は今までなかった。

ヤッパリ「あの世」はあるんだ。そして私は何らかの目的、使命（やりたいこと）を決めて「この世」に生まれてきたのだ。

そうなると、神魂、直属先祖霊、人間の魂、そして肉体と心の関係をもう少し詳しく聞きたくなってくる。そこで村上総主との折々の対話の中で、私は質問を重ねてきた。

神界、霊界、幽界

——大地震は幽体の大移動——

どっちみち人間は「神さまの世界」の中身など分かるはずがないのだから、あまり深く考えてもしょうがない。

この本、『アワヤの癒し』は、まず「自分とは何か」を宇宙レベルで知る手がかりとして書かれたものである。「自分は何か」が分かれば世の中に怖いものはない。誰でも世の中で一番恐ろしいものは、自分の恐怖心である。

トーナメントプロと呼ばれるプロゴルファー、特に年間賞金獲得額が上位六十人に入るプロは、その技術に差はないと言ってもよい。プロの一番の大敵は自分の心である。大きな賞金のかかった試合で、最初のティーグランドに立った瞬間、「ここでは何回も右の谷間にOBした」と頭に浮かぶ。そしてティーショット。白球はヤッパリ右へそれてOB。そして「今日も駄目だ！」と、優勝戦列を自分から離れていく。

「失敗は成功のもと」

「人間万事塞翁《さいおう》が馬」

「自分の最大の敵は自分である」

頭だけの知識で分かったつもりでも、いざ実戦となればプロでなくとも自分の恐怖心にビビってしまう。

「人間は、その形になる前に、生きるために必要な知識も持って生まれてくる。それによって、努力せずに出世する人は、出世する。優秀な人は、最初から優秀である。物事も学問も教えられれば分かる人もいる。見れば分かる人もいる。しかし、教えても、見ても、分からない人もいるのである。

このように、分かる人も分からない人も、自分が生活するための必要な知識は最初から持っている。それが今世において自分の肉体を動かす知識、すなわち、幽体である。それは、人の形になる前に、母体のなかで、男女両性の結合の時、要するに受胎の瞬間に、既に入魂されるのである」（村上総主著『人間の設計図』より）

つまり生まれる前から、自分の利口さ、バカさは生涯決まっているのである。

プロゴルファーのトップは生まれる前からトップになれる素質があったわけだ。ティーグランドに立って初球を打ったときに、「もしかしたらOBするかも」というイヤな思いが頭に浮かぶようでは、いつまでたっても優勝はできない。

プロ野球でいつでも三割を打てるバッター、プロゴルフでいつでも上位十位までに入れるトーナメントプロ、これは努力でなく本人の生まれながらの資質である。

プロ野球、プロゴルフの世界で上位十位までに入る人が存在するのは、それ以下に上位十人に入れない百人、千人のプロがいるからである。「優勝は自分の器では無理としても、とにかくプロとして面白く、ソコソコにやっていくのがオレの人生だ」と、素直に今の自分を認めれば、そして、それで死ぬときに自分の一生を「これでよかった。オレなりのベストもつくったし」となれば、それも立派な一つの人生であろう。

美空ひばりが生存中、あるテレビ番組でこう言っていた。ある新人歌手が、「私はどうしても舞台に立つと、ビビッてしまう。どうしたらいいのでしょうか」という質問に対してである。

「私の歌をこんなに大勢の人がわざわざ聴きにきてくれている。有り難いじゃないの。私はそれに感激して、せい一杯声を張り上げて歌うだけよ」

美空ひばりも、歌謡界では生まれつきトッププロであった。

やはり自分を知ることである。

私はこの仕事が向いているのか。

これは私のやりたいことなのか。

自分のやりたいことをやれるように、そしていつでも必要な知識、知恵が出せるように、それらが自分の中に備えられているのだと了解できれば、会社、友だち、家庭、学校、どこでも自分の立場、自分の役割を自分の心で納得して、慌てることなく、この世をラクに楽しく過ごしていけるだろう。

自分の中に神さまが住んでいる。

宇宙、大自然という神さまの分身が住んでいる。神さまは、大自然と同じと見れば、神は一つとなるが、神界を神さまの集団とみれば、神界にも階級があり、異なった性質の神さまが大勢いらっしゃることになる。人間は神界には絶対に入れない。入れるのは神魂だけである。

神さまのことについて詳しく書いた本がある。

文美殿教総主・大辻桃源著

『天書（あまつふみ）』

である。著者は他界してしまったが、神さまのことをもっと知りたい方は、この本を読むといい。ただし、極めて難解である。

だから私は、私の師・村上総主の書かれた本

『人間の設計図』　八千円　恵友社　（平成五年九月発刊）

を、お勧めする。これもまた難解なところが多いけれど、「アワヤの掟」を学んだ読者なら是非とも「人間とは何か」を理解するために読んで欲しい本である。

『人間の設計図』には、使用目的が二つある。

一つはもちろん、読んでもらうための本である。もう一つは、自分で自分を治療するための〝器具〟として使うためにある。村上総主は、気入りグッズとしての役割に、特に力を入れたとのことである。

この本がいよいよ印刷・出版というとき、仙人は印刷工場から使用される印刷インクを高崎まで運び込ませた。そして高崎近くの山の中腹、東の空に面した小高い丘へインクを持って行き、その晩そこでキャンプを張った。集まってきたスタッフ・関係者十数人と夕食をとった仙人は、翌朝まで夜通し、膝回りに置いた缶入りのインクに気を入れながら話をしていたのである。参加者も全員、夜明けまで仙人を囲んで眠ら

ずにいた。やがて東の空に赤味が射してきた。そして、だんだんと明るさを増して太陽が出るその瞬間、

「エイッ」

という仙人の気合いが響く。その気迫にコダマして、山の小鳥たちが一勢に叫んだ。全山は震え、ナニカが一瞬、天地に共鳴し響き渡ったのだ。

もうすっかり太陽も東方の地平線から顔を出し、何事もなかったような平和な朝となり、仙人を中心とした印刷インク缶「気入れの儀式」は無事終了した。

『人間の設計図』の表紙だけをビニールに包み、腹に昼夜巻いている人もいる。こうすると体の調子がよく、特に車やバイクの運転中はこれがないと不安だという人もいる。『人間の設計図』を体の悪い所、痛みを感じる所に触れさせておくと気血の滞りが解消し、自然に痛みが消えてラクになる。読者がそれを信じようと信じまいと勝手だが、一度自分で試してみてはどうか。

圧巻は設計図ベッドである。これは『人間の設計図』を十冊くらい、敷き布団の上に並べておき、その上に寝るのである。これで気血の巡りの悪い人ならば、急速に流れだしメマイがして、気持ち悪くなるくらい効き目がすごい。だからそれをやる場合

は、勝手に試さず、必ず本部長、支部長と相談しながらやって欲しい。

でも困ったことに、この本は絶版になっている。全国の本屋には、もう置いていない。それでも巻末の各本部や支部へ問い合わせれば、入手可能と思う。

神界の他に、人間の生前・死後に人間の住む幽界と霊界があるという。でも本稿では霊界と幽界とを区別しないで幽界と総称する事にした。

生きていくのが苦しくて、人を恨みながら死んでいった幽体。他人に不意に殺され、やりたいことを充分やれずに死んだ幽体。交通事故の不慮のひき逃げで、まだ自分は「この世」で生きていると思いこんでいる地縛霊。お国のために戦って、「天皇陛下万歳」を叫びながら敵の戦艦に体当たりして死んでいった若者の霊たち。戦後の社会党から国賊呼ばわりされて、靖国神社に祭られるのを拒否された英雄たちの霊。彼らは今も、成仏できずに幽界をさ迷っている。その報いで、戦後の社会党は消滅した。そのほか、さまざまな成仏できない霊たちで、幽界はにぎやかである。

さ迷える霊たちは、なんとか成仏したくて、神社で祭壇に奉納してある榊の枝に鈴なりについている。また、通りがかりのお地蔵さまにすがりつき、近所の「信仰深い」人たちからお地蔵さまにと供えられたボタ餅やゴハン、その他の食べ物の気を吸って過ごしている。

平成十一年九月二十一日、午前二時頃、台湾中部でこの百年間に経験したことのない大地震が発生した。震源地に近い台中はもちろん、相当離れている台北でも建物の崩壊がひどかった。テレビ報道によると、まだ発生後丸三日も経っていないのに、死者は約二千人を越えているという。

大地震はどうして起こるのか。

村上総主に言わせると、カンタンである。

「社長！（私、著者のこと）多くの山や古い墓地などが、開発という名の下に荒らされ、そこに宿っていた幽体の住む場所がなくなった。そのための幽体の大移動が大地震の原因なんだよ」

「ヘエ！　幽体の大移動か」

私は今もなぜ幽体と地震が関係しているのか、よく分からない。でも今年の後半は世界的に大規模地震の発生件数が平年より多いようだ。地球規模での幽体の大移動が始まったのかもしれない。まもなく日本列島もこの波をかぶることになるのだろう。

神魂と直属先祖霊五千人との関係

先日、新聞に掲載された漫画から。

息子「ボクがここにいるということは、お父さんとお母さんがいたからだよね」

父親「ウン、その通り」

息子「お父さんがここにいるということは、おじいちゃんとおばあちゃんがいたからだよね」

父親「ウン、そうだよ」

息子「エート、それだったら、おじいちゃんやおばあちゃんのお父さん、お母さん、そしてその人たちを生んだお父さん、お母さん、ウーンどこまでいくんだろう。ネー、お父さん、その一番最初は誰なの？」

父親「ウーン……、チンパンジーかゴリラかな」

私もバカ正直に、自分を生んでくれた両親と、両親の両親、そして直属先祖霊の数を計算してみて驚いた。三十歳で子供を産んだと仮定すると両親を初代として十代前で約千人、二十代前だと約百万人、三十代までさかのぼると約十億人にもなる。それがたった九百年の出来事である。そうなるとアカの他人で、私とは親戚関係がないと思っていた人まで、なんらかの形で共通の先祖がたくさんあるのではないかと、今さらながら感心した。

そこで思い出したことわざ。

袖すり合うも多生（他生）の縁

偶然に同じ軒下に雨やどりした見知らぬ人でも、前世で何かの縁があったのかもしれない。まして気の合う友だち、夫婦はもしかしたら前世でも仲のよい兄弟姉妹か、親子関係、または師弟関係があったのかもしれないとか、連想してしまった。

人間は大自然の法則により創られ、おのおのその肉体は違っても、生涯、肉体の中に魂がいる間、肉体は動いている。

そしてその魂は、受胎される瞬間に入る。魂は決して、親が入れたのではない。だから生まれた後、本人が努力したから頭がよくなったわけでもない。頭のいい人、悪い人は受胎の瞬間にすでに決められている。今生で生きるために必要な知識は、すべて生まれる前から準備されているのだ。

神界には各人の魂の古里がある。その古里から神さまの分身である神魂が幽界に下りてくる。そこで神魂は必要な直属先祖霊五千人を選び、この世で受胎する胎児に入る魂を創る。

つまり魂だけはあの世でできる。魂の中身は、神魂と五千人の直属先祖霊である。直属先祖霊は各人が三世（前世、現世、来世）を、数限りなく回ってきた人たちである。だからこの世で人間が、自分に入ってきた魂が悪いから思うように動けないという理屈は絶対に通らない。

人間の職責・職能は最初から、形創られる以前から、完全に決められている。そしてまた人間は、まったく自由な意志を持っている。

「やっては駄目」と言っても、平気でやってしまうし、「やれよ」と言ってもやらない。ウソも平気で言ってしまう。しかし一年中ウソをつくとか、やりたいことを勝手に、自由にと思っても、ナニカに束縛され、思いっきり自由にふるまえない。これは自分の中にいる直属先祖霊五千人の影響である。直属先祖霊五千人の各人が、自分の入っている地球上の肉体を使用して、それぞれやりたいことをやろうとしている。

直属先祖霊五千人とは大変な数である。だから人間は、今その瞬間、瞬間で、朝に晩に考えが変わってくる。そうかと言って、五千人の先祖霊が勝手にその肉体にバラバラに命令していいかというと、そうはいかない。神魂がやってよいこと、やって悪いことを規制し、五千人を統括しているからである。

人間には生まれつき、階級がある
――バカはバカなりに、利口は利口なりに それぞれこの世を楽しく生きよう――

戦後の文部省指導教育で、「人間の頭は平等」という「アワヤの掟」に反した思想を人々に植えつけてしまった。

「誰でも、頑張ればできる。人間は平等なのだ。トップになれないヤツは努力が足りないからだ」

女も男も、男女平等。部活動を推進し、育児教育や育児休暇まで男にも与えられる傾向にある。

しかし、男と女は同じではない。創られ方が違っている。戦後、女は女らしい教育を、男は男らしい教育を放棄したために、今の世の中はおかしくなった。

人間は生まれつき、バカか利口か決まって生まれてくる。そもそも「バカ」は駄目で「利口」がいいという発想がおかしい。

「バカ」は、一を聞いて、一を実行できる。

「利口」は一を聞いて十を知る。

お城の天守閣があるためには、外堀、内堀の立派な石垣が必要である。女王蜂はたった一匹でたくさんの卵を産み、多勢の働き蜂を従えている。会社は社長が一人、後は社長を補佐する部下である。市役所は市長、助役そして収入役、特にその収入役がしっかりしていなければ、市役所の台所は混乱状態になる。

ある心理学者の実験で、十五人くらいの集団を一室に集めた。「好きなことをやりたいようにやってよい。但し暴力は駄目」という条件で、一週間、寝食を共にさせた。最初は蜂の巣をつついたような大混乱だったが、二日目、三日目となると自然にリーダー、サブリーダーが決まり、一週間の最後の日には、みんなで肩を抱き合って「よかった、よかった」の連発だったという。

戦後の政治、経済、教育（学校）の場ではリーダー不在である。国会を見れば分かる通り、すべての国会議員が首相のような発言をする。首相もただの国会議員も「どんぐりの背比べ」である。人間の頭は平等だと教えられてきたため、誰かが誰かを統率し、これをうまく動かせるという仕組みがなくなってしまった。

会社の経営も同じだ。サラリーマン上がりの年功序列でやっと社長になった人、その上に会長、そして実力相談役がいる。これじゃ部下は誰の指示で動いたらいいのか分からない。こうなると、社長も従業員も危険な仕事には手を出しにくい。うまくいって当たり前だから、リスクを承知で手を出し、失敗すると、すぐ左遷となる。部下がリスクの伴う開発をやろうとしても、バカな上司は、「ウマクいく方策はあるのか」と聞く。

今、世界中のリーダーが心配している。

「日本人がリスクをとらなくなった。日本のリーダーは、ほんの少しでもリスクのある行動はすべきでないと言う。なぜ日本は賭けができないのだろう。やはり日本は特別な国なのだろうか」

戦後の日本では、一流大学を出て官庁・大企業へ就職し、大過なく無難に仕事をしていれば、「一流大学出」というレッテルの下で、トコロ天式に課長、部長、役員と昇格していった。そして、誰が社長になっても合議制だから同じことである。

逆に経営者の素質のないワンマン頭取が、私利私欲むきだしのムチャな指示で、自分の銀行を潰してしまう。部下は口出しができないし、ワンマンは部下の言うことを聞かない。

リスクがいつでもとれる経営者は絶えず部下や得意先、業界の意見を聞き、最後は自分でリスクのある判断をし、指示を出す。私は国内や海外で多くの大企業のトップとして長い間仕事をさせて貰った。この新規事業が成功しなかったら、その会社は潰れるという瀬戸際の判断でも、不思議なことに、いつも「失敗したら」という恐怖はなかった。私の体か心か、そのササヤキで「この仕事はやろう、やれる」と分かってしまう。まさしく神魂と直属先祖霊が、私のその時の行動に必要な援助をしてくれていたとしか言いようがない。


人間には生まれつき階級がある。社長の仕事をしているほうがラクな人、難しい経営責任などとらずに、上司の指示通り仕事をしていてラクな人、会社や学校の草むしり、掃除をしていたほうがラクな人など、さまざまである。

戦後、経営能力のない人が政財界のトップ、リーダーになってしまった。誰でも「できる」という社会教育をしてきたため、年功序列というおかしな制度が出現してしまった。

どんなに教育しても努力しても、できない人はできないのである。多くの大銀行を潰してしまった大蔵大臣や関係官僚、そして経営者は口をそろえて言う。

「私たちは、あの当時では最善を信じた判断をしたのだ。まさかこういう時代になるとは思わなかった」と。

彼らはリスクを避け、法に反してまでも大銀行が生きてゆける処置をしてきたのだ。そして言う。

「あの当時、そうしなければ大銀行は倒産し、日本は世界中から信用を失って金融市場は大混乱、メチャクチャになってしまっただろう」

創られた通りに、生まれながらに強力な指導力が身についている政府のトップ官僚ならば、彼の神魂のササヤクまま、覚悟を決めてもっと早い段階で問題銀行を潰してしまっていただろう。当然パニックになっても、それはそれで国民に実態を知ってもらういいチャンスと考えたかもしれない。もちろん政府内部、国会議員の協力を得て根本的なセーフティーネット（銀行破綻に備えた安全網）づくりにも精を出しただろう。

ところが「銀行不倒神話」もあり、公的資金（国の税金）投入となると、行政や経営者の責任問題を追及されるため、自分の首をかけてまでやろうとするトップ官僚はいなかった。

この五年間、政府の金融政策はその場かぎりの応急処置に追われ、銀行を潰したり、奉加帳回しで守ったり、景気判断も甘く、「いつまでも景気や地価が下がるわけではない」と都合よい見通しを立ててきた。

戦後の経済復興はアレヨアレヨと目を見張るばかりで、それがアッという間にバブル崩壊に。「このままでは日本は危ない」と思いながらも手が出ない。日銀のゼロ金利政策も政府と不協和音を起こし、誰も日本経済の先行きが分からなくなってしまった。

第二次大戦に日本は負けた。そして見せかけの復興を経た今日、男も女も充分な栄養をとっている。それでいながら、花粉症・便秘・腰痛・肩こり・吐き気など、子供から大人までが病人になってしまった。これも必然なのだろうか、偶然なのだろうか。

宝くじに当たって思わぬ大金を手にした人、国土開発の名の下に立ち退きをせまられ莫大な補償金を手にした人、その人たちの末路はすべて寂しい。

必要以上のお金、必要以上の美貌、必要以上の知識を詰め込んだ人びとの老後は悲しい。

人は誰でも生まれながらに、この世で必要なお金は自然が調達してくれることになっている。美人を意識して、毎日その美しさを必要以上に保とうと苦労していると体を悪くする。そして自分では実行できない余計な知識は、自分にとって最大の敵となる。

必要以上のものが、なぜいけないのか。

神魂のササヤキが聞こえなくなるからである。人間に与えられた自由意志を、神魂のためでなく、自分の欲望を満たす方へ使っているからである。

宝くじに当たる運を引き寄せるのも、日本国の復興、バブルを引き寄せたのも、すべて必然の動きである。

それにしても戦後の日本は、どうしてここまでおかしくなってしまったのだろうか。

戦前の日本には階級があった。農業で言えば、地主と小作人との関係だ。小作人は小作料（年貢米）を払って地主から借りた田畑を耕作する人たちで、いつも最低生活をしていた。ときには地主の米倉に決められた量の年貢米を納めると、一年間に自分たちで食べるお米に不足することもあった。それでも地主さまの所へお願いに行けば、いつでも「要るだけ持っていきな」と気やすく貸してくれたのだ。

それが昭和二十三年（一九四八年）、第一次片山内閣（社会党）が国の方針として農地開放を打ち出してしまった。ＧＨＱ（第二次大戦後、連合国軍が日本占領中に設置した総司令部）の指令で「農地法」が昭和二十七年に施行された。

これは農地は耕作者が自分で米を植えられる分だけ所有していればよいとの考えで、一町歩（約一ヘクタール、三千坪）を越える分は国が買い上げ、小作農民に売り渡してしまったのである（北海道は四町歩以上）。

しかし小作人は、耕作管理能力がないなどそれなりの理由があって、貧乏人が良馬を与えられても上手に扱うことなど出来ないのと同じで、安い価格で与えられた土地を誰もが売ってしまった。こうして戦後の経済復興に助けられた小作人はいきなり大金持ちになった。その後の成り行きは、みなさんのご想像通りになってしまったのだ。

戦後の財閥解体も同じことである。みんな平等がいい、資本家は労働者を搾取する、地主は小作をいじめる、それがけしからんという単純な発想だ。

この世は、生まれながらにして階級社会だ。大金持ちと貧乏人が共存していて何が悪い。働きバチは女王バチに搾取されているのか。しいたげられ、いじめられているのか。自然界には階級がある。役割り分担がある。女王バチだけが偉くて、働きバチは貧民なのか。そんなことはない。

誰の命令もなく、みつバチは毎日せっせと花みつを巣へ運びこむ。義務とか、役割分担で、イヤイヤながらやっているのではない。たまたま一匹のみつバチが遠方においしそうな花がいっぱいに咲いているのを発見すると、一目散に巣へ帰ってくる。そして早速、みつバチのダンスを始める。仲間のみつバチはその後に続いて一緒にダンスを始める。このダンスを通してみつバチたちは、花のある方向、位置が分かり、いっせいに飛び立つのである。

みつバチは女王バチと、仕事・役割の比較をしない。「女王バチが偉くて、オイラはみじめな働きバチだ」とは思わない。言わない。ダンスも楽しそうに一生懸命である。他人と比較してブツブツ言うのは人間だけだ。

権利と義務

――義務が人間にあるとすれば、
それは感謝することである――
（村上総主著『人間の設計図』より）

「創られた通りに生きる」とは、どういうことか。

「世の中に偶然はない」というお話に、だいぶこの本の頁を費やしてきた。ここでもう一度、なぜ「この世」と「あの世」が存在するのか、「あの世」からみて「この世」とは、どんなところなのかについて考えてみよう。

人は言う。

「よく考えなさい。そして反省しなさい」と。ところが、考えれば考えるほど分からなくなってしまうのが人間なのだ。「考えれば分かる」はウソの世界である。

なぜか。

人間は誰でも、生きていくために必要な「解答」を、生まれたときから持っているからである。だから「下手の考え、休むに似たり」とも、言われている。

どだい、「人間とは何か」「自分とは何か」は分からない。でも「あの世」と「この世」はどう違うのだろうと、私の中で生じた疑問は、私なりに大事にしたい。だから考えても分からないのは承知で、私の思いを話してみよう。

神魂に引率された五千の直属先祖霊は、神魂に必要があり選ばれた霊たちで、一つの新しい魂を形成して、本能的な男女結合で受胎された瞬間に入ってしまう。もちろんその両親の直属先祖霊たちの幽体だ。

幽体には空間概念も、時間概念もない。時間がないのだから三世（過去、現在、未来）といっても私達は時間が存在するものとして勝手に了解してしまうが、「この世」の中にある「あの世」がどうなのか、本当のことはサッパリ分からない。

「あの世」と「この世」の違い、その手がかりは、人間に平等に与えられた自由意志である。「あの世」の幽体、魂にはウソをつく自由は与えられていない。だから「この世」でやりたいことが思いきりできず、人を恨みながら死んでいった魂は、あの世で成仏できず、幽界をさ迷っている。そして恨みをはらすために「この世」の人間に憑依しようと、狙っている。

本来、肉体を持っていない幽体は、人間に関わり合うはずがないのである。創られた通りに生きている自然界の人間の体内には、もの凄い早さで「気」と「血」が回っている。その血液が二十四秒間に体内を一回転していれば、幽体がとりついてもすぐに振り払えるように創られている。だから人間には害を及ぼせない仕組みになっている。ところが最近は、地球もおかしくなり、小自然である人間が創られた通りに生きていないケースが増えている。

家内が悪性リンパ腫で入院しているとき（まだ村上総主に出会う以前）、霊視がよく当たるという若い男（霊能者）を紹介されたことがある。私も家内の病気を治そうとアレコレ試み、万策つきていたので、その若い男と会ってみた。今、思い出してみると、冷たい邪気の噴き出している憑依体質の青年だった。

私の家内の病状を話すと、彼はしばらく黙っていたが、やがて小さい声でささやくように言い出した。

「あなたの奥さんの実家にある先祖代々のお墓に水が溜まっている。それを取り除けば奥さんの体は治る」

なんだか気持ち悪く、面倒くさい気がしたが、とりあえず家内の実家、北九州市の小倉にあるお墓を、親戚の人に調べてもらった。そして、その話は親戚の人の

「何もそんなことないよ」

との一言でおしまいになった。

男性の霊能者にはインポが多いという。それはそうだろう。気血が充分に体内を回らない憑依体質者は、二十四秒よりズット遅い速度でしか気血が回らないため、腎機能も弱く、性的にも男らしさを欠いているからだ。

神魂と直属先祖霊は、この世の人間に入らないと、やりたいことがやれないのである。幽界にいる間は、地球上に生きている人間のように、ウソをついたり、失敗したり、面白おかしく自由勝手に動けない。だから直属先祖霊は、過去何百年、何億年にわたって三世を回り、この地球上で毎回新しい体験を、必要があってしているのである。

だから魂は、この世で五千の先祖霊が思いっきりやりたいことをやるために「この世」に生を受けたのである。やりたいことを自由にやれるよう、必要な道具、職責、職能、それを果たす階級、知識は「あの世」から持参してきた。そして死期も決められ、人間の体と心を使って、神魂の助けを借りて、この世に生きているのである。

だから、働きバチのように階級を決められて、思う存分、腹一杯に花粉を食べ、みつをなめながら楽しく遊んでいることが、人間の世界でも当てはまってしまう。

幽界に帰れば、自由に思いきりやりたいことがやれないのだから、この世に生きている毎日は感謝しかない。社長と社員を比較すること、他人の職業をうらやむことは本来「この世」に生まれてきた目的ではない。

他人はどうでもいい。自分の行動、やりたいことをやってどう思われようと、気にするヒマはない。生きている間は、いつ死ぬか決まっていても、受胎した瞬間に死期は分からなくされている。だからこそ、生きている限り、今日も朝が来た、自分はまだ生かされているという喜び、神への感謝しかなくなる。

すべてが生まれる前から決められており、偶然はない。「この世」に生を受けた人間は、生きている間、生前の記憶がかき消されてしまっているだけなのである。

権利とは、人間が勝手に作り出したコトバだ。

生きる権利、知る権利、地上権、不動産の権利書、親の権利、子の権利など、「権利」というコトバには、私など凡人にはなんとなく心地よいヒビキがする。何か自分が世間から認められているような錯覚に陥るから不思議だ。

「あの山はオレのもの」

「この土地はオレのもの」

だから、権利は失われたくない。いつまでも確保しておかないと不安になる。でも「この世」ではすべてが必然ならば、「あの山」も「この土地」も、しばらくの間、縁があって誰かから預かっているだけに過ぎない。明日死ねば、「あの山」も「この土地」も死後の世界に持参して行けない。あの世に持参して行けるものは、生きている間の貴重な体験だけである。

ここで村上総主の書かれた『人間の設計図』から「人間の権利と義務」の項を転写してみよう。

「人間の権利と義務」

人間は、自分にとって必要でないものが頭の中にあるために、常に悩んでいる。必要な時に必要なことを考え、必要に応じてことを運べばいいのだが、何もしないうちから一生懸命考えて人はおかしくなる。考えたことならその通りにやればよい。

その者が生きるために必要とする知識以外、必要以上の学問も、必要以上の財産も、必要以上の美貌も、すべて己の敵となる。

例えば、ひとつのことをやるのに「こうしなければならないんだ」と考える。だが、肉体は心の容器である。それが苦痛となれば、必ず体も苦しくなる。

「どうしても、この仕事は自分の責任なんだ」と、そう考えるのではなく、やること一つひとつに感謝があれば、それは決して苦痛でも何でもない。

人間は大自然の産物であり、大自然の中の小自然であり、人間は人間を創れない。そして、その大自然とは、すべてを備えている。

水もあれば、光もあれば、太陽もあれば、空気もあり、食べ物もある。

大自然の子である人間にはいつも、生きていくために絶対に必要な条件が創られ、備わっている。それなのに感謝する心が出てこない。それはどうしてなのか。

色々な知識とか、自我とか、見栄とか、プライドだとか、そういったものすべてが常に自分を邪魔していて「自分を認めてもらいたい」と、いつもそういう構えでいる。もし、それを抜いて、すべてにおける感謝があれば決して、自我も、必要以上の知識も出てこない。どんな時でも、やることなすことすべてにその感謝があれば、自然にできる。何事も、自然に、感謝としてやる分には何の苦しみもない。

ところが人は、己の権利だけを主張しがちである。どこにそんな権利があるのか。誰が人間にそんな権利を与えたのか。また、人間とは、何をする義務があるのか。義務が人間にあるとすれば、それは感謝することである。

本気になって人のために尽くそうとする心には、本気になってこうしてみようとすることには、何の権利もないし、何の交換条件もない。

愛とは決して交換ではなく、無限の優しさであり、誰もが与えるのみである。

自然な行為であれば、何の疲れもないし、何の交換も返って来ない。

人間には、絶対に権利の主張はありえない。そして何人も、絶対に同じではない。決して他人は、自分の思い通りには動かない。苦しんでいること、困っていることを聞かずに、己の権利だけを主張すれば、自分の言う通りに、人は動いてくれないし、苛々するし、「奴は駄目だ」としか言えない。

「俺と同じようにできて当たり前だ」と、そう思えば、それはその人の負けである。人間はいつも、自由に動ける意志を持っている。ただ、本当に自分一人が生きているのか、生かされているのかを考えてみればよい。

誰であっても、人間は一人では絶対に生きてはいられないし、死ぬこともできない。何かに生かされている。それが何であろうとも、生かされているからには、感謝しなければならない。自然に感謝の心が出てこなければならない。

もし、人間に権利があるとするなら、誰がどう与えたのか、それは感謝である。すべてにおいて、感謝する心を持つことこそが、生かされている人間に与えられた義務の遂行である。

村上総主は言う。

この「人間の権利と義務」の項を、毎日最低十回繰り返し読めば、誰でも「自分とは何か」に気付くことがあるはずだと。

第二章

総合病院に「筋肉科」がない

――人間の筋肉は、全体の六十五パーセントもある――

気血の流れ

――全体と部分――

平成十一年九月三十日午前十時頃、茨城県東海村にある民間のウラン燃料加工施設で、深刻な放射能漏れ事故が発生した。多数の被ばく者を出し、施設周辺の住民の健康が心配されている。

資源に乏しい日本の政府や電力会社は、原子力開発に大きな期待をかけている。原子力発電は二酸化炭素の排出量も少ないため、地球温暖化防止に役立つとして、今後日本では、十年間に大型原発二十基の増設が検討されているという。

五十一基の原発が今も運転中で、電力の三分の一以上を賄っている。しかし、今度の東海村放射能漏れ事故が引き金となり、国民の原子力開発拒否も加わり、日本全体に供給する電力量そのものが将来問題になってくるだろう。

現在、日本列島は北から南まで、電灯のつかない家はない。各電力会社から供給された電気がどの民家にも配給できるよう、電柱と電線が国中に張り巡らされている。

そのおかげで、民家は安心して明るい夜を過ごし、製造会社の設備は昼も夜も、二十四時間休むことなく運転されている。

私たちの体も同じだ。

電気の代わりに血液が、体中に張り巡らされた血管を通して、筋肉の温かさを保つエネルギーとして供給されている。

人間の体が動くのは、筋肉に血液が流れているからである。体中に細かい血管が網の目のように配線されてあり、筋肉を構成している細胞にエネルギーを絶えず与えている。だからいつも筋肉は温かく柔らかい。死んだ人の筋肉は硬く、冷たい。毛細血管の長さは、地球を二周半するほど長く、頭のてっぺんから足の爪先まで、体内を二十四秒間に一回転するものすごい速さで血液が流れている。そして心臓が一日に血液を運ぶ量は、実に、ドラム缶四十本分とも言われている。

人間は心臓が止まれば死んでしまう。

われわれはご飯を食べなくても水さえあれば一週間、一カ月は生きていることができる。しかし血管に血液が流れてこないと、すぐ死んでしまう。

その血管に血液を流している仕事をやっているのが心臓である。この心臓がドキッドキッと脈を打つと同時に、体内の二十七カ所でも同じようにドキッドキッと脈打つ所がある。これが脈である。脈は血液の流れがスムーズにいくよう、心臓の働きを助けている。医者は手首の内側を指先で軽く触れて脈を取ることができる。要するに心臓の持ち分は血管であり、血管の持ち分が脈なのである。

日本中に網の目のように張り巡らされている配電線にも同じことが言える。全国各地にある発電所は人間の小心臓であり、各地の変電所により電圧を調整され、需要者に供給されている。

落雷や送配電線のショート、地震などにより、発・変電所が突然停止して電力が一部の地域に供給不能となれば、その地区の工場・病院・一般家庭では活動が停止してしまう。

人間も同じことで、人体に二十七カ所ある心臓代行器官の脈が、一カ所でも心臓と一緒にドクドクと動いてないと、血液の循環が悪くなる。血液が回ってこないと、その部分の筋肉はみな硬くなり、「痛い」とか「重い」とかいう症状が出てくる。硬くなった筋肉を無理やり動かすから、痛くなってくるのだ。

東海村で発生した国内初の臨界事故は、たった一つの小さい民間会社（従業員百十人）で生じただけなのに、これから必要な日本全国の新しい原子力施設の立地を難しくしてしまった。

　話は変わるが、平成十一年九月に台湾で大地震が発生した。マグニチュード７・７、阪神大震災を上回る規模で死者は二千人以上にも上った。被災者には本当に「お気の毒」と言いたいが、この災害を台湾国内の問題と片づけるわけにはいかない。

　米国ハイテク業界は、台湾の大地震の影響で、パソコン、半導体メーカーなどからの受託生産を行っている二十八の半導体工場が操業停止に追い込まれ、一日当たり四十三億円の損害が発生しているという。

　西洋医学を学んだ医者は、五十肩を治せない。「悪い所は肩だけ」と、痛い場所に痛み止めの注射、貼り薬など、局所的な対症療法しかできない。

　日本の送配電網が、いつでもどこにでも、必要な電気を将来とも充分に供給できるためには、東海村での臨界事故再発防止という局地的な対応だけでなく、国内の原子力発電行政を今すぐにでも再検討することが必要となる。局地的な部分が全体に及ぼす影響を常に考慮していかなければならない。

　人間で言えば、五十肩という肩の局所的な痛みは、体全体の気血の流れをスムーズに戻すことにより解決する。人間の体には気血の流れが網の目のように交叉して存在している。それが回らなくなってくれれば、その部分の筋肉が硬くなる。五十肩というのは、血液が必要な部分に回らなくなったので、手が重くなって動かなくなっただけである。

五十肩で左手が上がらないのは、右脚そけい部のリンパ節にしこりがあり、そこでドキッドキッと脈を打っている流れを止めているからである。ここと、手を流れる肺、大腸系経絡《けいらく》の気血が流れるように手当すれば、手はカンタンに上がる。体全体の気血の流れを診ないことには、五十肩の原因と対策は立たない。

人間の体は部品の集まりではない。

耳鼻科へ行っても、耳鳴りや花粉症は治らない。耳はあくまでも部分であり、体全部から診れば、腎臓の系統の流れをスムーズにしないと耳鳴りは止まない。花粉症は肺臓の流れが悪いためで、深呼吸をして、肺の経絡《けいらく》をよく流すことで解決できる。

西洋科学は反対に、なんだか分からない人間の体を部分に分ける作業から始まった。外科・内科・眼科・歯科・神経科・皮膚科など、人間の体を部分、部分に切り分けて、その部分だけ治そうとする。

生きものの数は、地球全体で六十兆である。そして人間の筋肉を構成する細胞の数も六十兆ある。人間一人ひとりの全細胞六十兆が、地球上の生きものの数六十兆と、何らかの形でつながっている。だから人間一人ひとりが、大自然の中の小自然なのだ。

生きているものはすべて、部品に分解できない。人間には五臓ある。腎臓・肝臓・心臓・脾臓、そして肺臓。この五臓を組み合わせても人間にはならない。それどころか、胃液のような部品さえ、人間にはつくれない。

ライター・時計・コンピューターなど、生命のない製品は、部品の組み合わせで充分に同じものが製造できる。西洋科学で分けられたもの、部品は、誰がどこでつくっても同じであれば組み立てられる。だから同じ自動車の部品ならば、日本国内のものでも、東南アジアでつくられたものでも、同じ部品として使用できる。

人間は一人ひとりみな違う。Aさんの心臓は、Bさんには使えない。臓器移植は、本来代行できない臓器を、緊急の間に合わせで他人のものを移植している。各人の臓器は誰がつくったのか。親でもない。自分でもない。宇宙の仕組みの中で、神さまの手で各人に合うように創られたのだ。

だから臓器移植は「アワヤの掟」に反する。ルール違反である。掟を無視した行為は見えない罪が重い。臓器移植を執刀した外科医、そして他人の臓器を受けた患者は、死後、浮かばれない。成仏できない。その幽体は、神魂と先祖霊とも分解することなく、永遠に幽界をさ迷い、苦しむことになる。

「人命尊重」の見地から言えば、「トンデモナイことをいう奴だ。一人の生命は地球より重い」とお説教、お叱り、非難は当然だろう。だがここで、この本の第一章を繰り返し読んで欲しい。

「人命尊重」は、おっしゃる通り。だけど人の命を絶つのは誰がやるのか。自殺以外は、神さまが決めている。生まれる前から本人の死期は決定されている。

自分の体は、自分が自分勝手に使うのではなく、自分の神魂と直属先祖霊五千人に提供しているのである。命が少しでも医学の力で延びることは、そんなに大事な「いいこと」なのだろうか。

もう一度、読者も本気で検討して欲しいものである。

私の体験

――半身不随が突然やってきた――

今から八カ月前、私は急に半身不随になってしまった。これを書いている現在から見ると、どうしても悪夢としか思えない。今も、中腰の姿勢で畑の野菜を取っているとき、駅の階段やホームの端を人混みを避けて歩くとき、なんとなく体のバランスがとりにくく、疲れやすい。でも幸いに、日常生活にはまったく不自由はない。こうやって鉛筆で四百字詰めの原稿はスラスラと書けるし、今はここまで急速に快復できたことに感謝しかない。ああ、やっぱり私はまだ必要があってこの世に生かされているのだ、と。

私はここに、私の半身不随の症状、経過を記録する。それにより、私自身がもう一度、自分の体験から、人は何故半身不随になりやすいのか、そしてその原因、予防策はどうすればよいのか、読者のみなさんとご一緒に探究、勉強してみたいからである。

私の症状発生は、今年（平成十一年）二月二十六日午後五時三十分頃、突然に訪れた。毎月下旬の金・土・日の三日間、仙人・村上総主を中心とした天地人《あわや》流気功導引指導員養成合宿が日光に近い老神《おいがみ》温泉で行われている。わけがあって、今年一月から、㈱天地人《あわや》東京本部（社長・髙津一夫）が、その事務局を担当することになった。二月二十六日は、その二泊三日の合宿の初日である。

合宿は午後四時半から始まり、参加者全員の自己紹介、その後に村上総主の挨拶があった。ちょうど始まって一時間が経過し、もうそろそろ休憩という頃、私は尿意をもよおして研修室の傍にある自室のトイレへ行こうと思って立ち上がった。そのときだった。何だか変だ。右脚に力が入らず、なかなか立てない。やっと左脚を軸として、左ひざに手をついてなんとか立てた。しかし、壁に手をつかないと歩けない。なんとかビッコを引きながらやっと自分の部屋にたどりついたが、オシッコどころではない。部屋に敷いてある布団の上に、うつぶせになってしまった。

何が何だか、さっぱり分からなかった。どうしてこうなったのか、思い当たることもない。関係者は、私の歩く姿に何かおかしいと気付いたのだろう。さっそく村上総主が部屋へ入ってきた。

「社長！　どうしたんだ」

総主に聞かれても、なんと答えてよいのかわからない。

「ウーン」

「社長、さっきやったカラオケの部屋が狭くて、酸素不足だったんだよ。すぐよくなるから」

総主はカラオケが好きだ。勉強会は午後四時半からなのに、正午には旅館に着いている。そして到着するなり、カラオケが始まったのだった。

「社長、カラオケの準備は？」

「できてます」

「そうか、じゃさっそく……」

総主は軍歌、義理と人情の股旅もの、そして古い演歌と、レパートリーは広い。その日も三時間近く、ほとんど総主と私で歌った。

総主の「すぐよくなるよ」は口癖だ。でも不思議なことに総主からそう言われると、「あっ、治るんだな」と、気やすめと思いながらもなんか安心する。

総主は私の背中、そして裏面のお腹、足に手を当てた。十分か十五分ぐらい経過した頃、なんか少しラクになってきたような気がしてきた。一通りの処置が終わると、

「よし。これで夕飯まで少しこのまま休んでいてね」

と言って、総主は講義室へ戻って行った。

四時間前までは、旅館の端にあるカラオケ室から百メートルほどの距離にあるトイレまで、歌う時間を惜しんで、かけ足で往復していたのに、何でこうなったんだろう。原因がさっぱり分からない。

やがて午後六時の夕食になった。私は秘書に支えられながら、鉛が埋め込まれているように重い右脚を引きずって、食堂までの長い廊下を歩いていった。夕食の時間はまたカラオケの時間でもある。いつもトップバッターである私は、いつもなら全員の前に出ていって立ちながら元気よく歌うのに、今回は違う。

先ず、マイクを持つ手に力が入らない。そう言えば、食事前の乾杯でビールの入ったグラスを持つのもやっとだった。何だかスルッと手の中からコップが落ちそうな感じだった。

そこで突然思い出したことがある。私より十歳ほど年上である前の会社の会長は、いつも宴会では冷たいビールの入ったガラスのジョッキを両手で抱えていた。その光景を見た私は疑問に思ったものである。

「あんな冷たい中ジョッキ、手がしびれないのか。それにせっかくの冷たいビールが温かくなってしまうじゃないか」

その疑問は今、分かった。片手で持ち上げるほど、手に力が入らないのである。これは老化現象なのかな。

当日の会場では、私は席に座ったまま歌った。立つ自信がなかった。

夕食後の総主の講義も、そして翌日の研修日程も、とにかく出席してなんとか終えることができた。総主は私を心配して、秘書の他にもう一人、お世話がかりの若い男性をつけてくれた。彼は、上越新幹線上毛高原駅から大宮乗り換えで東北新幹線郡山駅まで、そしてそこから車で二十分の阿武隈山脈の山の中にある自宅まで付いてきてくれた。総主の最初の手当で、廊下を歩くのもだいぶラクになったのだが、エスカレーターのない駅の階段はきつかった。両方から支えられても、階段を下りる右足がどこに着地するのか、自分でも分からなかった。何度もつまずきながら、やっとわが家に到着という感じだった。

二泊三日の合宿初日に、突然半身不随になった私は、幸運だった。仙人・村上総主の手から発散する気はもの凄く強烈だ。総主の手は冷たいのに、私の体に軽くタッチする手は温かく感じる。ところによっては熱いくらいだ。その手で、朝・昼・晩と一日に数回、私の部屋で全身に気血が回るよう、帰る日の朝まで、手当を何度もしていただいた。

総主の手が私の体に軽く触れるだけの「手当」で、私の体がラクになるのは何故だろうか。

人間誰もが「気」によって生まれ、「気」によって生きている。だから誰でも「気」は出せる。しかし「気」には、「邪気」と「正しい気」がある。

大自然と共に生きている総主には欲がない。相手を治療するとか、「オレの気はたいしたものだ」という自慢もない。ただ相手が困っているとき、「つらいだろうな、出来れば少しでもナントカ楽にならないものだろうか」と、ただそれだけである。そして総主の手が自然と気血の滞っている所へ動いていくだけである。

ちょうど、子供が転んでひざを擦《す》り剝《む》いた時に、母親が軽く手を当てて

「痛いの痛いの、トンデイケ」

と言いながら、手で子供の痛みをつかんで、「ポイ」と遠くへ捨てる動作をしているのと同じである。

母親には「治してやろう」という構えがない。「痛いだろうな」と、自然と子供のひざに手が行くだけである。そしてそこを手で擦《さす》ることで子供は安心する。母親の「正気」が子供に伝わり、勝手に「痛み」がトンデイッテしまうのである。それは生きるための知恵でもある。

ただ総主の「気」は、何故か一般の人より強烈だ。人は発散しているその気を借りて、自分の必要な所に自分の気を流し、気血の滞りを解消しているだけである。ところで世間でいう医療気功、整体師や気功師から出る「気」は邪気である。何故なら高額な金を要求し、「自分が患者を治しているんだ」という思い込みで手を当てるからである。それでも「邪気も気のうち」と言われている通り、相手の患者は一時的にはラクになる。その代わりに整体師、気功師は相手の患者の邪気を受け、必ず腰が痛くなり、施術者自身の体が悪くなる。せいぜい一日に三人以上診るぐらいで、クタクタとなる。

それとは違って総主の「正気」、母親の「正気」は与える側に邪心がないから、相手の邪気は受けない。たとえ受けても、すぐに体の外へ出てしまう。

今では、体の具合が悪くなった腰痛もちの整体師や気功師が、大勢「天地人《あわや》の館」

を訪れてくる。ここで患者から受けた邪気を朝晩、体外に排出する「天地人《あわや》流気功導引術」の秘伝を受けて、毎日十人でも二十人でも診られる体につくりなおす「行」に励んでいる。

しかし、誰もが総主から直接にしていただけるわけではない。指導員でもよほど具合の悪いときだけである。それも日本全国各地からワザワザ時間をかけて高崎まで出向けないし、忙しい総主に遠くまで来ていただくわけにもいかない。でも幸い手当を受けた人は異口同音に、体の具合の悪い部分が瞬間に消えてしまうと言う。

私は今年二月の合宿終了後、翌日から毎朝約十分間、福島県の自宅から群馬県高崎まで電話をかけ、仙人から気を体の各部分に送っていただいている。そのおかげで右脚の鉄の棒のような感じ、自分の脚ではないような重い鈍さは、だんだんと消えていった。その前に手の握る力は、もう元通りに快復していた。

脳血栓・脳充血・脳梗塞

ここで私の体験談を一時中止して、一般成人の半身不随につき、考察してみよう。

三十代後半から七十代の人が突然に倒れる病。これが成人病の代表、脳卒中である。私が子供の頃、母方の田舎、農村にはいわゆる中気になった人が大勢いた。いつも大きな火鉢の傍に座ってお茶を飲んでいるオジイサンは、話すコトバもレロレロでよく分からなかった。祖母は小さい私を連れてお寺を散歩しながら、松の葉をいつも口の中に入れて噛んでいた。中気になるのを防ぐためという。

私の母は減塩を心がけ、野菜だけを食べ、肉や魚は中気になるのを怖れて一切口にしなかった。そして雨の日も風の日もお寺参りを欠かさなかった。自分の家系は中気（脳卒中）になる人が多いから、自分もなるんじゃないかという暗示や怖れもあったのだろう。血圧も高かったようだ。そんな母だが、六十代になって、ある朝、庭で洗濯物を干して家に入る途中に倒れてしまった。そして半身不随。「何で私がこんなになって」と言い続けながら、ボケてしまった。それでも倒れてから約五年間は、妹の世話になり寝ながら生きていた。

脳卒中（中気）は、塩分のとり過ぎとか、コレステロールが多いとか、血圧が高いのが原因と言われている。でも私の母は「血圧が高い」ことを別にすれば、健康管理には気を使っていた。それがなぜ、中気になったのか。体質なのか、家系なのか、原因がよく分からない。

われわれ人間が生かされている大自然には、どんな所でも川の流れがあり、日の出、日の入りと、太陽の気の流れがある。自然界では、どこの川でも、もし詰まってしまえば、そこはみんな氾濫《はんらん》してしまう。人間の体も大自然と同じように流れがあり、筋肉に血液が流れているから動くのである。血管は筋肉の中に網の目のように広がっている。

「高血圧」とは、筋肉に充分な血液が流れず、筋肉が硬く冷たくなったところを無理に流そうとして生じる症状だ。では何故、筋肉に血液が流れないのだろうか。


人が生きていく絶対条件は空気、目に見えない空《から》の気である。大自然にはいろいろな気が流れている。太陽の気、全宇宙のエネルギー、光、熱、そして空気。すべては「天の気」である。人はこの「天の気」によって生かされているにも関わらず、これを充分に取り入れていない。だから呼吸も浅い。「中気になりたくない」と必要な塩分もとらず、食べたい魚も肉もコレステロールを警戒して食べない。「もっと生きたい」と欲をかくから、悪口ではないが、私の母のように病気になる。欲がなければ、もっと楽に暮らせたのに、自分ではどうにもならないこと、どうしようもないことを考えるから、肝臓が駄目になり、目に輝きもなくなってくる。

「今できることはすぐにやる。
　今やれないことは考えない」

これは総主のコトバである。大自然の法則である「アワヤの掟」で言えば、自分に本来備わっている生命だけで充分なのに、必要以上の知識で欲をかいて塩分制限、食事制限をしてまで、「無病でコロッと死にたい」と願った母。残念ながら人は「アワヤの掟」を学ばないため、創られた通りに生きることができないで苦しむ。

自分が生かされていることを知らなければ、大自然の気が受けられなくなり、自分の中で「天の気」を陰に閉じ込めてしまう。だから深呼吸ができない。肩で浅く呼吸することにより、肺は空気を吸うことを忘れ、皮膚もガサガサに荒れてくる。呼吸が浅ければ脾臓（腹筋）が弱くなり、腹筋が弱くなれば、その中にある大腸・小腸・膀《ぼう》胱《こう》・胆のう・胃・そして女性の場合は子宮と卵巣、それぞれが全部一緒に下へ落ちてしまう。いわゆる「内臓下垂」である。

呼吸が浅く、充分に「天の気」を体内に取り込めないと、下腹部全体に空気が入って行かないため、腹筋の力がなくなってしまうのである。

現代人の病気は、ほとんどこの内臓下垂が原因である。排尿・排便の障害も、下垂した内臓により圧迫された尿道筋肉と、肛門筋肉が思うように開かなくなることから生ずる。

脾臓という臓器は、西洋医学の上では右脇腹にあるとされているが、中国五千年の歴史を有する鍼灸学では、お腹の筋肉そのものを言う。この脾臓は臓器としての形はないのだが、これがしっかりしていないと、体形を崩し、体全体への気血の回りが滞る。そして心の容器である肉体を完全に駄目にしてしまう。「天の気」がないと、まず腰にある腎臓が駄目になり、腎臓機能が衰えてくると、いわゆる生命の根本が駄目になってくる。だから脾臓は体全体の気血の運行を司っていると言われている。

脾臓（腹筋）が弱いと、下垂した内臓が上半身と下半身をつなぐそけい部リンパ節の太い血管を圧迫して、流れを止めてしまう。だから上半身だけに血液が流れ、下半身に回っていかない。血液が回らなければ筋肉が冷たくなり、下半身が冷える。足が冷たいという人が、現代人にはあまりにも多い。高血圧と言われる人が、全部そうである。

上半身だけに血液が多く流れると、上だけは熱く、血の気が多いため赤い顔をして突っ張ってくる。キッキ、カッカとイライラしてくるし、首から上が特に上気して、重く、痛くなってくる。そして眼付きまでも上目づかいとなり、いつも怒っているような眼になる。

肝臓は血液を司っている。血液によって動く筋肉は、肝臓の持ち分である。上半身ばかりに大量の血液が回れば、肝の気が異常亢進する。肝臓は考える臓器である。肝機能が異常になれば、肝臓の子供である胆のうも機能しなくなる。胆のうは肝臓の考えたことを実行する役割をもつが、それがスムーズに働かない。だから、考えたこと、思ったことが何一つ実行できず、ますますイライラをつのらせ、「駄目だ！」となる。

働き盛りのビジネスマンの三十代後半から四十代前半までで、大事な年代層なのに脳血栓で倒れる人が多い。「駄目だ！」となったときから魂がゆがみ、頑張れなくなり脳血栓にもなる。この病気は、軽く起きても半身不随、強く起きれば命がなくなる。

脳充血は年輩の人、五十代後半から六十代前半の人に多い。脳血栓・脳充血・脳梗塞など、いわゆる中気・脳卒中の症状は、みな同じようにどちらかの半身が不自由になってくる。

頭皮は薄く硬いので、その中を流れる毛細血管は、心臓が血圧を高くしてまで一生懸命血液を流そうとしても拡がりにくい。農村の川幅の狭い川は、ゴミが詰まるとすぐに氾濫する。同じように薄くて硬い筋肉や頭皮に張り巡らされた細い血管は、ゴミが詰まりやすく、切れやすい。

心臓は地球を二周半するほど長い血管に、二十四秒で一回転の早さで、一日にドラム缶四十本分の血液を絶え間なく送っている。人体の中央にある心臓だけがドキッドキッとするだけでは間に合わないから、体全体の二十七カ所で、心臓と一緒にドクドクと脈を打つ場所がある。頭皮の血管にゴミが詰まれば、「ここは流れにくいよ」と動悸を打つ。夜、枕を当てて横になって寝ているとき、耳の上から指四本分、頭のてっぺんに近い所がドキッドキッと大きく脈打っていたら、それが脳血栓の前ぶれである。脈打つ場所は二十七カ所の一つ、中国伝統の鍼灸学で言う天衝《てんしょう》だ。また人によっては天井を向いて枕を首に当てていると、耳の後ろ側が脈打つ症状もある。「早く必要な手を打たないと、もうすぐ半身不随になり倒れるよ。死んでしまうよ」と体は訴えているのである。

人は倒れるまで「自分は健康だ」と思っている

東海村臨界事故では、政府も県も会社も、このような事件が起きるとはまったく想像もしていなかった。ウランの核分裂で、強い中性子線が長時間にわたって現場から放出され、一般市民も含む大勢の被ばく者を出してしまった。

関係者は、事故を起こした会社が倒産するほどの状況を目の前にして、大慌てでいろいろな対策をたてている。しかし、事件が発生してからでは遅すぎる。評論家は起きた事件について立派な解説をしているが、それでは何故事件が生ずる前に、危険であることを言わなかったのか。

私の体も同じこと。私という会社内で事件が起きてから（倒れてから）、体も心も健全でないことが分かったのである。

私の体は、生まれつき大自然の法則通りになっていなかったようだ。そのことに、今やっと気付いたのだ。でも遅かったという悔いはない。いつでも人生は「今」である。今はそのような事実に気付いた、いや気付かされたことに感謝している。

とにかく子供の頃の私は、体が弱かった。両親の話によると、すぐに風邪をひき、下痢をするとのこと。でも小学校より以前のことは、よく覚えていない。

風邪をひくと高熱で頭がグルグル回り、ドキドキと痛む。天井板の模様までもグルグル回転する。あの頃は、黒い大きなカバンを持参した医者が、看護婦さんを連れて往診に来た。診療のアトは決まって浣腸。あれは嫌だった。それから粉グスリ。変な味のする水グスリ。そして何日かずっと寝ていた後、体が軽くなり、フワフワと足元もフラツキながら廊下を歩く実感は、「アー、治ったんだ」というさわやかな気持ちだった。

アデノイドを腫らせると、ヨードチンキをたっぷりつけた綿をのどの奥まで差し込まれた。あまりひんぱんに風邪をひくので、父親はどこで聞いたのか、私を無理やり電車に乗せて、遠方の「名医」に連れて行った。私はそこでアデノイドを切り取られてしまった。

私の体にメスが入ったのは、それが最初で最後である。盲腸になったときは、頑張って切らなかった。冷やしてなんとか治まってしまった。でもそれからは右下腹がうずくたびに、「もしかして盲腸かも」と心配し続けてきた。

今はもう盲腸になっても怖くない。「地の気」である薬草や、大地の水分を吸って、そこにガッチリと根を張っている生薬を正しく使えば、どんな病気でも治ってしまうからだ。盲腸は白血球の異常と関係が深い。通常、血液中の白血球数は七千〜八千だが、それが異常なまでに多くなるのが「白血病」だ。その症状を治すのにはゴボウとハコベを使う。同じように「盲腸」の場合も、ゴボウとハコベを一緒にして、決められた量と手順で煎じて飲めば、心配ない。白血球の量は減少する。

人間の血液は、脊髄の七番目と八番目の間でつくられる。白血病とまではいかなくても、白血球が異常に多い人は、その骨を支える筋肉が弱く、そこが突き出ている。

要するに、そこにつながる筋肉の血液の流れをよくすれば、骨髄バンクは必要ない。「盲腸」というものも血液中の白血球が多くなって生ずる。その白血球の数を下げればよい。すると、盲腸は切らずに済むことを仙人から学んだ。

これが昔ながらにあった生薬の処方であり、人間の体はどこかに故障があれば、自然界にあるものですべてその修理ができた。かつて人びとは、生きるための生活の知恵として、自然界のものを使うことをよく知っていたのである。そして、どんな時代にも人は、自然界に生かされていることをとても大切にしていた。

人間だけでなく、この自然界では、例えば野生のサルにしても、どこかケガをすれば、すぐに森の中に駆けていって、傷を治すための草を傷に当てるということを知っている。ワインというものも、大自然の中で生きるそのサルの習性を参考に、人間がまねてつくった物である。

このように、自然界に生かされている動物も、人も、大自然の法則（アワヤの掟）に従って共存し、本来、生まれながらにして生きるために必要な知識を持っている。

つまり、人間が生きるためには、必要以上の知識や経済、それに合わせようとした常識や学問による教育は、必要なかったのである。

私は子供の頃、病気をするたびに両親に怒られた。今となって思うと、子供がチャンと育つかどうかが不安で、子供に文句を言ったのだろうと分かる。でも子供心には、病気になるたびに、両親に申し訳ないという感情でいっぱいだった。でも自分でどうすることもできない。

あるとき、学校のトイレでオシッコをしようとしたところ、友達が私の隣に立ってオシッコを始めた。そこは隣の子のオチンチンもよく見えるほどで、仕切というか、目かくしがない。私のオシッコは、しようとしてもなかなか出てこなかった。友だちはジャーと勢いよく出て終わり。モタモタして出なかった私は、出たふりをして、友だちのアトを追って運動場へ出た。

今ならその原因がわかる。

高血圧、脳卒中で倒れた私の母親はきっと内臓下垂で太ももの付け根、リンパ節のところで血液の流れが滞っていたのだろう。私を生むときもお腹の下だけがふくれて、いわゆる下子だったのだろう。私は長男だが、母親の話ではその前に流産したという。内臓下垂で子宮までも恥骨《ちこつ》に近い所まで下垂したまま妊娠したならば、胎児は下腹部の狭いところに閉じ込められた状態である。思うように手足を伸ばして育つことができない。そうなれば妊娠して五〜六カ月経つと、切迫流産となりやすい。

母親は田舎でも「良家」で生まれ育ったせいか、当時ではまだそれほど普及していない軟式テニスに夢中になっていたという。これが母親の内臓下垂つまり子宮下垂の原因だった。母親が高校時代、つまり「大正」の年代までの女性は、いたずらにトンだりハネたりしなかった。地面から両足を一度に離すスポーツなどなく、いつも足のつま先を内側に向けて歩いていた。それがまた「女らしさ」を示す姿勢でもあった。

女性の子宮は膣に直結している。トンだりハネたりすると子宮は下降し、膣の中にまで下がってしまう。つま先を内側にして、股を開かないようにいつでもしているのは、子宮が下がらないための予防だったのだ。

　私もきっと母の子宮下垂の影響を受けたのだろう。そして母のお腹の中で充分な運動ができないまま、生まれてきたのだろう。

　風邪をひく。風邪は肺がひくのだ。人間の皮膚は肺の管轄、持ち分であり、鼻は肺の窓口なのだ。風邪をひく前には、皮膚がぞくぞくし、鼻水が出る。母の下腹部の狭い所で育った私は胎児として運動不足。すでに生まれる前から皮膚に充分母親の気血が回らなかった。

　つまり私が子供のとき、体が弱かったのは、生まれる前からであり、子供の私に病気になりやすいという罪悪感は不要だったのだ。それでも、そういう内臓下垂状態の母親をねらって、その胎児に入ったのは、私の神魂と直属五千の先祖霊なのだから、私はそれほど胸を張って母親を非難できない。また非難したくもない。

　私は足の小指の爪も、子供の頃から生えていなかった。これは生まれつき腎臓が弱い証拠である。腎臓は、動脈の血液を濾過している臓器である。人間の体にとって必要でない物は、充分に濾過して、常に膀胱から排出している。これがオシッコである。腎臓が充分な働きをしなくなると、人間はいろいろな病気になる。私は子供の頃から寝汗がひどかった。風邪で高熱にうなされているときは、なおさらである。

やがて私も大人になり、結婚して子供も産まれた。女の子二人である。家族四人で日曜日、外出するとき、いつも私は次女を抱いていた。その頃のつらさはひどかった。何でもない背中が、子供を抱くことにより疲れるのである。痛いとかだるいだけでなく、苦痛であった。早く家に帰り、この苦痛から開放されたい。そればかりが頭の中にあるので、楽しい外出ではなかった。

背中が痛いのは、腎臓が弱いからだ。腎臓の働きが弱ければ汚れた血液は濾過されても充分きれいにならず、汚血が肝臓に送り込まれてしまう。だから肝機能も弱まり、肝臓から汚い血をもらった心臓も嬉しくない。心臓から送り出されたドロドロの血は、脾臓の腹筋や全身の六十五パーセントの量がある筋肉に送り出され、肩でやっと息をしている肺臓でわずかの新しい酸素をもらっても、腎臓の機能はなかなか復活しない。

私は大学卒業後、ある大会社へ入った。そこの健康診断で不整脈のレッテルを貼られてしまった。心電図を診ながら医者は言った。

「今すぐどうってことはないでしょうが、注意しないと」

そしてアリナミンAの大量投与を命ぜられた。今まで子供のとき以外は決して医者のクスリを飲まなかった私だが、そのときばかりは何故か心配で、一年ぐらい、医者の言う通り飲み続けた。しかし、いくら飲んでも心電図に特別な改善が見あたらなかったので、それからは勝手に医者へ行かなくなってしまった。それでも、ときどき、自分の心臓の脈打ちに異常を感じ、不安になったときもあった。ドキドキという後、短時間脈打ちが止まったような気がするのである。そこで慌てて手首で脈をとってみることもあったが、医者に行く気にはならず、中途半端な気持ちでいた。

心臓と舌は関係がある。脳充血で倒れて、血液の循環が悪くなった人は(私の母親もそうだった)、ろれつが回らなくなってくる。「アノネ」と一度、息を吸い込んでからでないと話が口から出ない人は、心臓の血液循環が悪い。本人は心臓が悪いと気が付かなくても、家族や仲のよい友だちが「なんか舌の返りが悪いよ」というときは、それを教えてくれているのである。これを「臓表」という。肝臓が悪い人は顔色がドス黒いとか、右足をビッコひく人は心臓が悪いとか、よく注意していると、その人の体の具合悪さが、姿勢その他で正確に読みとれるものである。

三十九歳の時には五十肩になり、自然に治るまで一年以上も、手が上がらなかった。それを医者にも行かず、放っておいた。十年経過して四十九歳のとき、また五十肩で悩んだ。これも一年くらい痛かったが、やがて消え、もう終わりかと思ったら、またちょうど十年後の五十九歳のときに再発した。

五十肩の痛みは、なった人でないと分からない。夜、横向きに寝て、やっと眠りについた頃、五十肩のほうの手が、突然体の横上からシーツに落ちたときの痛さ。全身に稲妻がピカッと走ったように目の中に閃光が横切る。もう寝る姿勢にもビクビクである。朝の満員電車で突然ドーンと肩を押されたときの痛さ。そして背広はもちろん、下着の着脱にも大変苦労した。「五十肩は医者に行っても治らない」と世間では言っている。周囲を見渡しても、みんな私の痛みをせせら笑うばかり。そんなに五十肩で悩む人は少ないのだろうか。

三十代の五十肩後遺症で、左手を上へ上げても耳にピタリとつかなくなった。ここまで書いて「アレッ」とびっくり。左、右、交代でなっていた五十肩、両手とも万歳して耳にピッタリつかなかった筈なのに、左手はピッタリつくではないか。まだ右手は少しつかないが、これこそ今年の半身不随の後遺症である。これもそのうち治るのだろう。

私の体の悪い部分は、まだある。

二十代から定期的にくる、両脚のひざ関節の痛みだ。右脚左脚交代で、あるいは連続右脚だけとか、数カ月に一回は痛みがくる。きたら最後、二、三カ月は続く。同じ姿勢で椅子に座っていて立つとき、パッと立てない。そして長時間脚を使うと痛くなる。

私が社長をしていた会社では、ゴルフ用カーボンシャフトを開発していた。その会社では官用品を定期的に納めていたが、立会検査官と仲良くするため、私は昭和四十年（一九六五年）から、本格的にゴルフの練習にはげんだ。プロに付いて正式に学んだのである。今から思うと、そのプロの打法は特別だったが、それでやるとアイアンショットの切れ味は抜群だった。アゲインストの強風でも低弾道で、しかもグリーン上でピタッと止まる。私も嬉しくなって、一生懸命その打法の習得にはげんだ。

フィニッシュをインパクト直後で急停止させるのだが、まかり間違うと手首を痛める危険もあった。

五十肩の痛みを我慢しての強烈なアイアンショット。そしてビッコを引きながら2ラウンドのゴルフ。よくぞ耐えてきたと思う。

六年前、村上総主に会ったとき、「夏みかんの食い過ぎなど、酸っぱい物をたくさん食べるから脚のひざが痛くなるのではないのか」と質問して一笑されたことがある。私は夏みかんが好きだ。大きな夏みかん三個ぐらいは、五分もあればおいしく平らげてしまう。ただ経験的に、いつも酸っぱい物を食べた後、何日か経つと、必ず左右どちらかのひざが痛くなってくる。

人間は五味五臓《ごみごぞう》と言って、臓器の機能が弱くなるとそれを補う意味で、その臓器の好む味が欲しくなる。

酸っぱい味が欲しいのは内臓下垂がひどい人。幼児体型のように下腹部がふくれている人は、ほとんど「酸っぱい物」を欲しがる。つまり脾臓（腹筋）の弱い人だ。そして女性がよく「妊娠すると柑橘類が食べたくなる」というのも、子宮や卵巣を支えている腹筋が要求するということである。

では酸っぱい物を食べるとひざが痛くなるという私の経験は、ウソなのだろうか。脾臓の子供は胃である。裏表、陰と陽の密接な関係がある。胃を中心とした見えない気の流れがひざを通っている。鍼灸学でいう「足の陽明胃経」だ。

体全体には五臓ではなく、六臓あると鍼灸学では言う。詳しくは各臓器とペアをなす腑を入れて「六臓六腑《ろくぞうろっぷ》」と言う。五臓の他に心臓を包む見えない膜があり、それを

「心包」と言い一臓とみなす。五臓とペアを組む各腑、すなわち大腸・小腸・膀胱《ぼうこう》・胆のう・胃という五腑を統括する三焦《さんしょう》、これを一腑に数えて、六臓六腑《ろくぞうろっぷ》という。各臓と各腑から目に見えない経絡《けいらく》という気の流れが全身に張り巡らされている。「酸っぱい物」が好きな腹筋（脾臓）は経絡《けいらく》では「足の大陰脾経」として、やはり胃系とは別の、反対側のひざを通っている。

総主は、私の体全体の筋肉の流れ（気の）が悪いということで、「関係ないよ」と言われたと思う。仙人に初めて会ったころの私は、経絡《けいらく》など言われてもチンプンカンプン、「気血の流れとは何か」と聞かれてもわからなかったのだから。

ひざの痛みは、仙人に会ってからも二、三年続いた。その当時、私は目白にある俳優塾での正科、必修科目である観世流の謡を人間国宝のＯ師から毎週習っていた。そこで何がつらいと言っても、舞台（板の間）に白足袋をはいて三十分以上レッスンを受けているときほどつらいものはなかった。先ず先生が座っている舞台へ入る直前、足慣らし、イヤひざならしが絶対に必要だった。五分くらいかけて、ひざをだましながら、だんだんと正座に座るのである。始めは前かがみ、そして痛みを我慢しながら上半身を垂直の位置にまでもってくる。

レッスンを終えて立ち上がるときは、なおつらい。Ｏ先生の何周年記念かで、渋谷能楽堂で私も舞台に立つ、イヤ座ることとなった。曲目は「山姥」、自分で謡っていてもホレボレとするいい曲だ。自慢ではないけど、私はレッスンでも本舞台でも、他の人のように、「あがる」経験は、まったくなかった。レッスンのときも、こんな安い謝礼で私の下手な謡をまじめに聞いてくれる人間国宝のＯ先生がいる。能楽堂では、一人ひとりが家元クラスの大先生が大勢、私の後に居並ぶ中で謡える。なんて有り難いことか。それらの大先生にも聞いてもらえる。これは嬉しかった。

でも、本番の謡は四十分くらい続く。謡い終わった後、果たしてスーッと立てるだろうか不安である。誰だか知らないがプロ級の謡手でも、長時間舞台に座っていて、イザ立とうとした瞬間、倒れてしまった人もいると、驚かされたことがある。私は計画通り、少しみっともないのは承知の上で、舞台の終わる数分前、袴の中で足の指を十本ともそり返しさせてしびれを防ぎ、立つ準備に入った。そしてヨロヨロと最後に舞台の出入り口へ向かったのである。

なんとか無難に終わって、やれやれ。Ｏ先生と地方の人先生たちにご挨拶をして、やっと開放された。

その後、仙人・村上総主が私のひざを何とかしようということになった。先ず左脚からだと思うが、一年三百六十五日、毎朝電話で十分くらい、ひざを中心に気を各部所に送ってくれた。始めは半信半疑。こんなカンタンなことでよくなるのかなと、仙人には大変失礼だったが、不安だった。そして半年も経った頃、気がついたら左ひざの痛みはウソのように消えていた。

今度は右脚と、仙人は熱心に電話で気を流してくれた。これも約半年で左脚と同じく、痛みは消えてしまった。それから今日まで決してひざの痛みは再発していない。今では急に座ろうが、急に立とうがスイスイである。援助していただいた仙人も不思議なことを言う。

「社長、よかったな。ひざの痛いのは、メッタよくならないんだけどな」

と。

「社長！　すぐによくなるよ」

と、いつも言い続けて下さる総主。今度も私は、「アー本当に消えたのだ」と、今も不思議である。これを書いている今も、机から離れて正座してみた。ナントモナイ！

ひざの痛みだけではない。左乳房下の乳ガンのときもそうだった。総主に気を送っていただくと、ピンポン玉が入っているくらい大きなしこりが、やはり半年ぐらいかけて消えていった。本当に有り難い。仙人に出会わなければ、私はもうとっくにこの世にいなかったのではないか。

今思い起こせば、仙人に出会う前の自分には、その他にもいろいろあった。手がしびれて、お風呂の中で指を握ったり開いたりしていた自分。僅か三十分の満員電車の中で立っていられなくなり、途中の駅で下りようとした自分。立ちくらみで、ときどき目から星が流れ出る自分。そして暗いところで首を急激に横に振ると、振るたびに目から閃光の出る自分（これはきっと網膜剥離《もうまくはくり》の危険な兆候と、あとで本を読んでビックリした）。よくぞ私は医者に行かなかったと思う。キット危険な病名がつけられ入院治療という名の下に、体をいじめられるのがイヤで怖かったのだろう。

結果として、仙人のもとでは、他のいろいろ病院でいじられた人たちより回復が早かったのではないかと信じている。

いろいろな具合の悪いサインが出ていた私、その具合悪さの原因は、母親から受け継いだ内臓下垂、そしてそのため全身に気血が回らなかっただけのことなのだ。

人間は心が病気する。気が病んで、筋肉の中の気の巡りが滞るから病気になる。もっと大自然と人間の関係を知り、人間の体はどうできているのか、それが自然とどのように関わっているのか、これらの私の体験から読者のみなさんが何かを学び、何かに気付かれれば望外の喜びである。

私の半身不随が急速に回復した理由

――天地人《あわや》流気功導引と「食養法」の併用――

原因があって結果がある。

テレビなど、モノでは設計図を基として作られた故障修理手順書により、部品を入れ替えれば簡単に治る。

しかし人間はモノではない。一人ひとりの創られ方が異なっているため、病気の治療診断手順書は各人が違う。私と同じ手順で、私以外で半身不随になった人をなんとかしようとしても難しい。

『人間の設計図』には、人間ならば誰でも六臓六腑《ろくぞうろっぷ》があり、それぞれの臓腑を見えない十二経絡《けいらく》が流れており、正常な人なら二十四秒間で一回、身体を血液が回るという自然の仕組みが書かれてある。

病気はその人の気が病む。すなわち気血の滞りである。心と体は表と裏。この地球上で魂に使われて生きている人間の体験は各人で異なる。生活環境、家庭状況、職場、仕事が違うから、他人と自分を比較しても意味がない。

でも人は他人の体験、考え方から、いつも何かを学んでいる。毎日、他人の言動を通して、私は新しい生き方を勉強している。だから「毎日が一年生」なのだ。

そのような意味で、半身不随が快復に向かっている今、私の体験をここに整理しておこう。

今朝も、自宅周辺を散歩した。もう畑にはすっかり霜が降りている。晴天で、風もなく気持ちのいい朝である。夏までは、毎日ホーホケキョと私を楽しませてくれた「うぐいす」は消えて、今はモズのけたたましい声が響き渡っている。紅葉もそろそろ始まってきた。

半身が不自由になってからは、散歩で「駆け足」などは夢のまた夢であった。でも今朝は、もしかしたらと、サンダル履きのまま、駆けてみた。もちろん小走り程度だったが駆けられた。「なんだ、駆けられるじゃないか」と呟きながら、ゆっくりと五百メートルぐらい走った。嬉しかった。この分なら来年は元通りになれるかもしれない。

私がここまで順調に快復してきた理由は、次の五つに絞られる。

一、発病直後、総主による早期手当があった。
二、毎朝の電話による遠隔気功を行っていた。
三、天地人《あわや》流気功導引法の「基本行」を朝晩、無理なく行っている。
四、総主指導による「五つの健康法」の一つ、「食養法」を毎日実行している。
五、「アワヤの掟」を学び、病気再発の怖れとか心配をしなくなった。そして毎日、ラクで楽しくこの原稿も書いている。

備考　「五つの健康法」とは

【イ】洗心法……肉体は魂によって動く。肉体は幽体の容器である。一対一で行う二時間の対話療法を通して、自分の進むべき道が明確化する。

【ロ】気功法……人は、筋肉にある気と血の流れによって生きる。

【ハ】導引法……筋肉の屈伸と呼吸法で体内の邪気を排出し、正気を補う。

【ニ】食養法……栄養をとるのではなく、必要以上の物を瀉《しゃ》す。

【ホ】気具法……総主ご自身の気を入れたハンカチ、シーツ、『人間の設計図』、などを使って、気血を流す「気の道具」の使い方。

ここで私が毎日やっている「食養法」につき、少し補充しておこう。

①お茶を毎日飲む

「水飲み療法」とか、ナントカ茶が体にいいとか、世間でも水分の補給を重要視している。

「天地人《あわや》の館」総主が、ここ二十年以上常用している中国雲南普洱茶《ふうじちゃ》は、古来中国の時代より「心臓の薬」とも言われている極上品のプーアールティーである。コレステロールとか、体内の食毒を解毒し、太り過ぎや便秘なども改善され、自然治癒力も高められるという。私は朝から夜まで、約二リットルを毎日飲むことで、排便、排尿機能も順調に働いている。

②にんにく球を毎日五粒飲む

オーストラリア直輸入のゼラチンカプセル入りで無臭である。仙人でも風邪防止とかで飲んでいる。

③蕃消糖《ばんしょうとう》を飲む

これは糖尿病の秘薬、だけどあまりに効き目がありすぎて、医者が使用拒否しているほどである。

この蕃《ばん》消《しょう》糖《とう》を朝晩二回、コップに一杯ずつ飲めば、六カ月間で誰でも糖が消えるほどの驚異的な効果がある。これを飲んでいれば、全く食事制限の必要がない。糖尿病患者がすぐ治ってしまうため、これを知っている医者は、自分が失業してしまうのを怖れ、絶対に患者には使いたがらない。

これは中国雲南省昆明《こんめい》地方の果物である。本当の中国名は、蕃念果《ばんねんか》と呼ばれている。読者の中で、是非試したいと思われる方は巻末記載の本部、支部に連絡して欲しい。

私の父が糖尿病だった。私も甘い物が好きなので、念のため飲んでいる。また腎臓機能も強化するため、血圧の高い人、腰の痛い人にも役に立っている。

④中国産田七人参《でんしちにんじん》を飲む

本品は五加科食物「田七《でんしち》」の根塊を粉末にしたものである。田畑での育成に七年もかかるので、この名前がついたといわれ、また別名を大変貴重なものとの意味から「金不換」（本草綱目）とも呼ばれている。

仙人も自分の健康管理のため、毎日飲んでいる。

人間が生きる絶対条件は、「食べる」ということである。ところが今は大気が汚染されており、天然自然そのもの、本当に人体に安全な食物はどこにもない。では、どうすればいいのか。

知識も、栄養も、必要でないものを自分の外に出せれば、それで自分を救える。必要でない物（毒）を外へ出すことを「瀉《しゃ》す」という。

食べ物は、栄養のある物ほど腐りやすい。しかも、食べた物の中にも、体に必要な物もあれば、その一部が体に害になるものもある。いわゆる食毒《しょくどく》である。どんな物でも食べた物の五十パーセントは食毒である。それを中国雲南普洱茶《ふうじちゃ》を毎日飲むことにより解毒し、瀉《しゃ》しているのである。

私が毎朝そして毎晩、約一時間ずつかけて実施している天地人《あわや》流気功導引法。これも筋肉の隅々までまんべんなく、充分に生きるために必要な酸素を送り込むことにより、全身の筋肉の血液の循環を促し、邪気を瀉《しゃ》し正気を補うことが主目的である。つまり「食養法」も「天地人《あわや》流気功導引法」も同じように邪気を瀉《しゃ》し、正気を補うための方法なのだ。

生きている限り人間は、邪気を自分でつくり出している。病院とかデパートその他人の混み合っている所へ行けば、両手親指の爪の外側（小商穴《しょうしょうけつ》）から邪気が侵入する。非常に邪気の強い動物霊が憑依している女霊媒師の行動を特集したテレビ番組を視ても、町を歩いていて交通事故で血だらけの人を見ても、「ウワーッ」とした瞬間に、体内に邪気が走る。

それを瀉《しゃ》すのが天地人《あわや》流気功導引術である。

仙人は言う。

「オレも導引は二十年以上、毎日やっている。この導引をやっていれば、無病息災、死ぬまでボケないよ」

私みたいに半身不随が軽くて済んだのも、朝晩の導引を五年以上続けてきたお蔭とも言える。

ここで一言。きっと読者の多くは「仙人に会えれば、どんな病気も悩みも、そして人生上の疑問も絶対に解決できる」と信じてしまうだろう。

これは本当であり、ウソである。

仙人は二十四時間忙しい。極端に言えばゆっくりと寝るひまもない。だからいくら読者が緊急に会いたい、苦しいと叫んでも、すぐに会えるものではない。

読者が仙人に是非会いたいと願うのは、あなた側の想いだ。仙人にも人を選ぶ手順がある。急に高崎の仙人の家へ押しかけて行っても会えない。座りこみをしても駄目だろう。

十年くらい前に、政界の偉い人が仙人の評判を聞き、「金はいくらでも出すから、他人はほっといてオレを治せ」と高圧的な姿勢を示したことがある。仙人には金は通用しない。仙人のほうで「気の毒だな。なんとかラクになるよう助けられないだろうか」という想いがなければ、仙人は絶対に相手にしないのだ。

どうしても仙人に会いたいなら、ただ一つ手段がある。それは巻末の本部、支部を通して「洗心」を申し込むことである。すぐＯＫとは行かないだろうが、これが仙人に会える早道だ。

陰陽五行と大自然の動き

大自然は、いつも動き続け変化している。そして宇宙には大自然の気が充満している。

人間は大自然の中の小自然という。

大自然は一千万年前、いや十億年前と今では、何が進歩したのだろうか。進歩とは時間軸の上で成立するコトバである。例えば人間の創り方、これは昔も今もチットモ変わりがない。

今回の東海村事故は、仕事の効率化を最重点にすることから生じた。自然界には効率化というコトバがあるのだろうか。

大自然にはそのとき必要な変化があるだけである。この百年間、人類は空前の発展を遂げた。人類にはもはや不可能はないと思われるほど、新技術が生まれ、文明は栄えてきた。大自然も思いのままに征服可能とまで言い切る学者もいる。バカげたことだ。

大自然は生きている。地球も一つの生命体だ。この地球上に突然大繁殖した人類、これも人間の知恵で開発した効率化のお蔭だ。

赤痢・コレラ・ペストなどの法定伝染病や、これらの危険な菌を殺してしまうクレオソートその他の消毒殺菌剤が西洋医学で開発されたため、日本をはじめ世界各国の人たちが生き延びた。狭い金魚鉢の中で生きていける金魚の大きさ、数は、自然に決まってくる。でも水槽の中に酸素を供給し続ければ、二倍以上の数の金魚でも育てられる。これも効率化の一つだ。

地球上に自然を破壊しないで生きられる人の数は決まっている。現在の世界人口は六十億人。そんなに多数の人は、本来大自然は養えない。せいぜい四十億人ぐらいではなかろうか。

金魚鉢に定量以上の魚を入れると全滅してしまうかもしれない。人類は何故生まれてきたのかも分からず、欲望の赴くままに振る舞った結果、滅亡につながる神の領域にまで手を染め始めた。このツケは大きく、地球崩壊、人類滅亡の時期もそう遠くはないだろう。

われわれ一人ひとりも、この人類滅亡に加担してきたのだ。夏は冷房、冬は暖房と、すべて電気のお世話になりっぱなしだ。自動車にも乗る。ジェット機で海外旅行し、プラスチック加工品もふんだんに使っている。しかし、今さら人類のおろかさを嘆いてもしょうがない。このような大変化の時期を選んで、よくぞオレは、この時代に生まれてきたものだと、これも感謝するほかない。それこそ冥土のみやげに今生を思いっきりやりたいことをやりたいようにやって、楽しく生きていくことにしよう。

でも「やりたいことをやりたいようにやる」とは格好よすぎるコトバだ。人は、他人や世間を気にして、やりたいことがやれない。会社や政府も同じだ。

ある指導員養成合宿で初参加のＳ君が、総主に質問した。

Ｓ君：高津社長の書かれた「洗心」という本の中で、「自分の中からの声を聞け、そこに答えがある」とあります。自分の中の神魂と直属先祖霊五千人のことなのでしょうが、どうもあまりハッキリしないのです。というのは、日頃自分の考えで行動を起こすとき、自分の中から二つも三つも、いろんな考えが出てきちゃうんです。だから自分の中のどの声に従えばいいのか迷ってしまい、いろいろ考えても分からない。実際のところはどうなのでしょうか。

総主：直属五千人の先祖霊の中には、泥棒をやらせれば、オレにかなう者はいない。火付けをやらせれば、オレは誰よりもうまくやれる。オレに泥棒はまかせろ。火付けならオレにと言う。この世でやっていけないことは、盗み・放火・殺人ぐらいだ。普通は神魂が五千の先祖霊の勝手気ままなやりたいことを統制し、やっていけないことは、やれないようになっている。泥棒がうまくできないくせに中途半端に泥棒するから、つかまるんだ。

Ｓ君は満たされてないから、気がふらつく。一つとして、「アー、できた。

よかった」という思いがない。一年中、中途半端なことやっている。やったとしても「よーし！」ということばに力が入っていない。だからなにやってみても不安定になるんだ。

「よし、やるぞ」と、一つのことに邁進すれば何の不安もない。

オレはいつでも「先生、お願いします」と言われれば、「よーしきた」と大声を出し、一つのことに専念する。S君は迷いが多い。迷いながらへっぴり腰だから、何をやってもうまくいかない。「よかった！」とならない。

S君はいい質問をしてくれた。お蔭で私や、読者のみなさんにも、キット参考になる総主の解説をいただけた。そう言えば思い出した。総主はよく私に話をしてくれた。

「社長、蛇がカエルを狙うとき、猫がネズミを捕まえようとしたとき、その動作は獲物をとることだけに全身が集中し、今にもとびかかろうという姿勢になる。他のことなど考えない。それ一本だ。逃げられたらどうしようなどという不安や迷いもない。われわれもそうだ。何をやるときも、導引のときも、動物が獲物を狙う姿勢、それが大事だ」

また山陽新幹線で、トンネル内コンクリ塊の落下事故が十月九日に発生した。今年の七月に点検し、「異常なし」と安全宣言したばかりである。コンクリートの打ち込み口からトロトロと均質に流さず、効率化を考えたせいか、一気に大量に注入したのが原因という。東海村の臨界事故でも効率化を計り、ステンレスバケツで一気に規定以上の酸化ウランを注入してしまったのと似ている。

日本政府も同じこと。景気上げ潮ムードをもっと早期に促進させたいため、日銀に強要して、一気に大量の国民の税金を市場に投入させようとしている。これじゃ「死に体」の倒産企業も点滴で無理やり延命させているようなものだ。「今は景気が先、財政再建はその後全力で取り組む」と言うが、痛みの伴わない政府演出の幻の景気浮揚策だ。政府のリストラ、人員半減、給料半減など、思い切った「痛み」を決断しないで先送りしていている。日本国再建の指導者が命をかけて「やりたいことをやりたいようにやる」信念あっての言葉とは思えない。

庭の雑草は、「草刈り」で抜かれる寸前まで元気よく生きている。うぐいすやカラスもせいいっぱいの声を出して朝早くから遊んでいる。動物も植物も昆虫も、生きるのに迷わない。明日はどうなるか、心配しない。人間も原始時代はたぶんそうだったのだろう。

生きていく上で、迷いがない。何事もすべて、「さあやるぞ」と迷いなく行動できればそれがベスト。楽に暮らせる秘訣である。言い換えれば、それが創られた通りに生きることとなる。

大自然の気により生かされている人間。その人間にも絶え間なく流れている気。迷いなく人間が生きていく仕組み。これを陰陽五行の働きと言う。


誰が創ったのか、地球上に棲む六十兆の生き物は、太陽に生かされている。六十兆の細胞で構成されている人間も、太陽に生かされている。太陽は一瞬も休むことなく動いている。人間の心臓は眠らない。昼も夜も絶え間なく動いている。だから人間の心臓は太陽なのだ。

昔から太陽は「火」の神さまとしてあがめられている。太陽の熱と光により、大自然は動いている。地球と太陽の位置関係で、一日は昼と夜に分けられる。昼間は太陽が空にあり、明るいから「陽」、そして月が地球を照らすから「陰」。すべては動いている。昨日と今日は違う一日だ。それでも一日はいつでも二十四時間である。円運動して地球を回っている太陽は毎日二十四時間で円を丸く描ける。それを時間軸で展開すれば、波状になる。水面から波の形の上るところ、そこから太陽が朝出る。日の出だ。日は動いている。朝から真昼にかけて、波形を昇っていく。波の一番高い所が昼、そしてだんだん下がって水面と交わる所が夕方だ。日が沈む。それからは反対に水面下で夜中まで、だんだん水面から深く入り、そしてふたたび水面に近づき朝がくる。

昨日と同じでない今日。だから昨日の一周した円と、今日一周する円は、完全に重ならず少しずれる。だかららせん状の円が、無限に続くことになる。

太陽の動きと心臓の動きは直結している。

人は、一日働いて夕方になると、男女の別もなく、若い人も、年をとった人も、みな、疲れてくる。昼、太陽が出ているとき、人の体には充分に血液が流れており、気力も充実して動くことも働くこともできる。そしてだんだんと日が暮れていくにつれて、血液が少しずつ肝臓に還り、人の体に流れる血液の量が少なくなってくるから、疲れ、眠くもなる。

人が働けるのは、体の中に「気」と「血」が回っているからであり、その「気血」が回らなければ、疲れてもくるし、眠くなってくる。

そして夜、十時、十二時ともなると、ほとんどの人が、昼間百％流れている血液の三十％しか流れなくなる。そのために、眠くなってくるのである。

地球上に人間が生活するようになった時から現在まで、自然と同じように、日の出、日の入りと共に肉体は動いている。

人は夜になると眠ってしまう。朝になってなぜ目が覚めるのか、起きられるのか、そんなことは少しも考えずに、眠ってしまう。

人は、一生の間に何百億の財産をつくり、一生を栄華に暮らしても、死ということに直面すると、みな、命を惜しみ、臆病になるものである。だから自分の体を大事に考えて暮らしている。だが翌朝、元気で目が覚めて起きられるという約束は何もない。それなのに平気で眠ってしまう。

それこそ、人間が大自然の法則によって生かされている証拠である。人がそれを意識する、しないは別として、やはり大自然の中の小自然なのである。人がまだ、布団の中にいる時に、東の空に太陽が出る。そうすると、人の心も、五臓も、活動を始める。

肝臓は心臓に血液を送る。心臓は、全身に血管を通して燃料である血液を送るから、臓器が動き出し、また細胞も、要するに筋肉も動き出すのである。

全身に「気」と「血」が回ってきたから、自然に目が覚めて、起きあがり、動き出したのである。このように、目が覚めることのすべてが自然と一緒であり、それが健康な人間である。

朝になっても目がさめない人、起きられない人、太陽が出ても、自然が活動を始めても、自分の体に「気血」が流れてこない人がいる。創られた通りに生きていない人、自然とはまったく一致しない人である。それでも各人の仕事があるから無理して起きて、起こされて、動こうとするが、体が思うようにならず、だるく、重い。要するに全身の筋肉に燃料が回ってこないのである。これを無理して動こうとするから、心臓マヒも起こりやすい。

心臓は二十四時間、いつも平均して同じ強さで血液を全身に送っているわけではない。大自然が夜は休むように、人間の心臓も夜は休む。だから心臓にペースメーカーを入れた人は、昼も夜も一定の量の血液を送り続けられるから大変だ。一年中、休みがないのだから五年ぐらいしか生きられない。

一年は三百六十五日、人間の骨格、関節も三百六十五あると言われている。その関節はどこもしっかりと筋肉に覆われている。この三百六十五という数字は偶然とは思えない。やはり大自然の中でしか生きていけない人間という事実を、形に表しているのではないだろうか。

太陽は一年三百六十五日をかけて黄道の上を一周する。そして二月四日を節分とすると、そこから暦の上では立春から立夏の前日までを春という。春から夏、夏から秋、そして秋から冬。一年は四季で構成されている。但し各季節が変わる前の十八日間は、次の季節に移るための準備期間がある。現代では夏から秋に移る準備期を「夏の土用」と呼び、猛暑をしのぐため、ウナギを食べる習慣ができた。その外に春の土用、秋の土用、そして冬の土用がある。

この世は絶えず動いており、中国五千年の伝統をもつ鍼灸学ではその動きを陰陽五行で表している。そしてこの陰陽五行は、不思議なことに世界中の人たちが毎日口に出している。陰陽五行が突然消失したら世界中が大混乱になる。それは何故か。暦でも、新聞でも、日付より大事なのは曜日である。日曜日は休日、月曜からは仕事、火・水・木・金まで仕事が続き、最近は土曜日が休みの会社も多い。

「今日は何曜日？」

これを覚えておかないと、仕事にならない。私は小学生の頃、疑問に思った。一週間は日曜日から始まるという。日曜日は、月曜から土曜までしっかりと学校で勉強したり、会社で仕事をして「ご苦労さま」と、お休みの日じゃないか。何故一週間は日曜から始まるのか。

しかしそれも、村上総主から「陰陽五行」の原理を習って、始めて「なるほど、やっぱり日曜日から始まるのだ」と了解できた。

先ずこの世に太陽が無ければ、自然界は生きられない。突然に太陽が消滅すれば、地球上に生物は生きられない。人間も太陽である心臓が止まれば、死んでしまう。だから一週間のスタートは日曜日なのだ。そして太陽が西の空に沈めば、夜は月が輝く。一日二十四時間は昼と夜、太陽の「陽」と月の「陰」で、構成される。人が生きていくには、太陽も月も必要だ。そしてこの世は静止していない。絶えず陰と陽との組み合わせで動いている。

男（陽）と女（陰）、オス（陽）とメス（陰）、両方が半分ずついないと子供が生まれ、繁殖しない。それを一週間の始め、日曜日と月曜日で表している。

次は火曜日。これは言うまでもなく、大自然の太陽であり、小自然である人間の心臓に当てはまる。人間の臓器にも陰陽の組み合わせがある。心臓は親で陰、その子は小腸で陽、この二つがペアとなっている。小腸は胃から消化されて送り出された食物を分類し、栄養素の吸収を行っている。

何故心臓と小腸が密接な関係にあるのか。人間の病気とは、気血の滞りから起こる。気血の流れには順番があり、心臓から小腸へと経絡《けいらく》上に流れていく。ここでは、そういう順番は、「大自然の決まり」として憶えておこう。「決まり」を知っていれば、鍼灸で気血の流れの異常を治すことができる。

電車に乗るとき、「何故電車は動くのか」を知らなくても、決まり通りの切符を買えば、電車で自由に目的地へ行ける。気血の流れる経絡《けいらく》、その流れ方を知っていれば、気血の滞りを鍼灸をベースとした天地人《あわや》流気功導引などで解消できる。ここでは、大自然と人間の関係を大ざっぱでも知っておく必要があるため、説明を続けよう。

水曜日は腎臓である。腎臓が親で「陰」、膀胱《ぼうこう》が子で「陽」と決められている。ここではお分かりのように、すべての臓器は陰で、充実しており、臓と親子関係にある腑は陽となりいつも動き、空になっていなければならない。

木曜日は肝臓（陰）、その腑（陽）は胆のうである。肝臓は考える役割が与えられ、その考えを実行するのが胆のうである。

金曜日は肺臓（陰）、その腑（陽）が大腸となっている。

肺が大きく深呼吸すれば、大腸が活発に動き、軽い便秘なら解消する。

人間の体は、「気」と血液が回らないと死んでしまう。血液は二十四秒間で体内を一回転し、気は一日二十四時間で計五十回、全十二経絡《けいらく》を回っている。

心臓から全身の筋肉に、血液を供給し続けるのは分かる。でも中国五千年の伝統を有する鍼灸学では、すべての臓器には「気血」が流れると言う。

この「気」の正体は不明だ。「気」とは何かと質問されても、私には充分な説明ができない。でも「気」という電車が何故動くのか。それが分からなくても、「気」という電車を使って目的地まで行ける。自然界には、すべてに「決まり」があり、その「決まり」に従って動いている。人間の体、指一本、胃液一滴もつくれない人間に「気」とは何かが分かるはずがない。それよりも、大自然の「決まり」を知って、その「決まり」を破らないように行動しなければならない。だから創られた通りに生きるとは、この自然界の決まり、「アワヤの掟」を充分に勉強して、掟破りをしないこととなる。大自然界の「決まり」を何故「アワヤの掟」と言い換えるのか、それは人間以外の生き物は、みんな大自然の決まり通りに生きているからである。人間だけに与えられたのが自由意志で、人間は大自然の決まりをいつでも勝手に破れる。自殺・臓器移植・瞑想・クローン人間をつくるなど、人がやろうと決意し、そして神魂が許せば、自分の責任で何でもやれる。でも「アワヤの掟」を離れてやれば、心や肉体が破壊される。危険なことだ。

野生の動物には重い病気がない。常に全身の筋肉を使い、自然の移り変わりに従って生きているからである。

だから人間のみに「アワヤの掟」は必要なのだ。天地人と書いてアワヤと読む。天を「ア」、地を「ワ」、そして人を「ヤ」と発音する。これは神代のコトバだ。

仙人・村上勝夫は「天地人《あわや》の館《やかた》」総主と、ご自身で名乗っている。総主は言う。人間は誰でも天と地の間で、人と交わって生きている。だから「天地人《あわや》」から外れて人は生きていけないんだと。

古来より人間は、「天の気」「地の気」「人の気」がバランスの取れているときに初めて、心身共に健康な生活ができると言われている。

「天の気」は太陽を始めとした全宇宙のエネルギーであり、光であり、熱であり、空気である。

「地の気」はわれわれ人間の住む地球のエネルギーであり、土地であり、水であり、すべての植物であり、食物である。

「人の気」とは、一体なんだろうか。

禁固刑で独房に長時間閉じ込められた人は、決まって気が狂う。人は家族、仲のよい友だちに自分の悩みを聴いてもらわないと、なんとなく気がはれない。

だから気血が回るとか、気血が滞るというときの「気」とは、「天地人《あわや》の気」なのである。そして「気」は、肺・大腸・胃・脾臓・心臓・小腸・膀胱《ぼうこう》・腎臓・心包・三《さん》焦《しょう》・胆のう・肝臓と順番にそれぞれの経絡を回る。この十二経絡の一つでも滞ると、人は病気になる。

一週間の最後は土曜日、脾臓（腹筋）と胃である。脾臓は、運行を促す臓器で気血を流す働きをする。

土曜日の土は、四季の土用を表している。太陽は、一年三百六十五日をかけて黄道を一周する。春の節分から立春、雨水《うすい》・啓蟄《けいちつ》・春分・清明《せいめい》・穀雨《こくう》と、暦の上での春は六つの節で構成されている。一つの節気が約十五日間、春・夏・秋・冬、各六節気で、一年は二十四節気となっている。

春は木気で肝臓、

夏は火気で心臓、

秋は金気で肺臓、

冬は水気で腎臓、

というように、四季それぞれに盛んな気があり、花や木は春に新芽を出し、花を咲かせ、梅雨でたっぷり湿った大地に照りつける太陽で充分に育ち、秋に実を結び、そして冬に休む。

陰陽五行とは、ものごとすべてに表と裏があり、大自然の動きを昼と夜、月の満ち欠け、四季のめぐり、それらを春の木、夏の火、秋の金そして冬の水、それと四季を回す役目の土気、この五行で説明している。

蛇は月の運行に従って、暦上の月の半分はカエルを頭から飲み込み、あと半月は後足から飲み込む。大自然の動植物は、月や太陽の運行に従って生きている。漢方の薬草採取も月や太陽の運行で最適の採取日が決められている。

こじつけと思われるかもしれないが、春の木は、冬の水を充分に与えられないと育たない。夏の火は囲炉裏《いろり》に例えると、充分なたきぎ（春の木）がないと燃え上がらず、マキが燃えて灰（土）が生じ、火山は燃えて、灰と熔岩を噴出し、熔岩の中から鉄や金が産出する。火や土がないと秋の金鉱はとれない。気温が寒くなれば、金属の表面は結露（冬の水）する。

春の肝臓が悪い人は、必ず冬の腎臓が悪い。腎が弱ければ、汚れた血液を充分に濾過できず、ドロドロの血液が肝臓へ送られてくるから、肝機能も充分に働かない。世間では「肝腎要《かんじんかなめ》」と言う。仕事をどう処理したらよいか肝が弱ければグズグズ、優柔不断、これは腎臓が悪いからである。各臓器が補い、助け合っている。反対に腹筋（土）が弱ければ、充分な気血が腎臓に巡らないので腎臓も弱い。だから脾臓（土）が腎臓をいじめることになる。水（腎）の流れ、川の流れを土砂でさえぎるようなものである。これを「土は水を剋《こく》す」と言う。要するに「剋《こく》」はいじめである。この土砂を鉄（金属）のスコップ（金）で取り除けば、川はまたスムーズに流れる。逆に川に大水が流れれば、土を盛り上げてつくった堤防（土）は決壊する。「土は水を剋し、水も土を剋する」のである。

これもまた土盛りをすれば、堤防は修復できる。土は金と相性がよく、堤防（土）の修復を助け、パワーショベル（金）は、水がスムーズに流れるのを助ける。

土は水をいじめるが、その間に金が入れば土は金と相性がよく、金は水と相性がよいと言う。その相性を（相生《そうしょう》）と書く。

土生金（土は金を生み、相生がいい）、金生水、そして土剋水となる。

人間の体も同じだ。土（腹筋）が弱いとき、肺（金）が深呼吸することで助けられ、腹筋を強くする（土生金）。肺が深呼吸すれば、酸素をたっぷり含んだ血液が腎臓に送られる（金生水）である。

それじゃ相生という援け合いはよく、相剋、いじめは全部悪いかというと、そうでもない。相生と相剋とあってバランスがとれている。夫は妻を剋し、妻は夫を剋す。だから夫の浮気は妻が制する役割があり、それも相剋である。

以上、陰陽五行は、説明がややこしい。でも「大自然の中の小白然」と人間をとらえるためには、どうしても避けては通れない。規則正しい大自然の運行が、人間の中でも大自然をコピーしたように同じ運行がなされている。これも偶然ではなく、必然の世界なのだ。

人間を含む生き物の世界では、部分が全体を代表している。この世には「静の世界」はなく、絶えず規則正しく変化している「動の世界」だけである。いつでも「今」しかない。この「今」の中に過去、現在、未来がすべて含まれている。この「今」という一瞬を見据えられれば、大自然の動き、体の具合も分かることになる。

仙人・村上総主は言う。

「私は、人の顔を見れば、その人の体の悪い所が全て分かる。しかも、何歳くらいから、どのように、どこが悪くなってきたのかも分かる。死ぬ日も必要なら言うこともあるよ」

何故顔を見て分かるのだろう。各臓器の経絡《けいらく》の通り道は、みな顔の一部分を回っている。だから、顔は五臓の窓口とも言える。

目は肝臓　（考える役割、　イライラ、怒りやすい）

耳は腎臓　（人間を創る役割、　驚きやすい）

口は胃　（腹筋、　悲しみ）

舌は心臓　（王さまの位、　なげき、憂い）

鼻は肺臓（経絡《けいらく》の流れの出発点、笑う）

体全部に気血が流れ、それが滞りなく十二経絡《けいらく》を流れていれば顔色は明るい。心配ごとがあったり、気がかりなことがあったり、悩みがあると、気血が全身を回りにくい。人は誰でも「人の気」が必要で、自分の悩みを相手が真剣に聴いてくれただけで、顔色は見違えるほど光がさし、不思議なことに肌のガサガサも消えて、すべすべになる。鼻は肺の窓口であり、皮膚は皮膚呼吸をしているほど、肺とつながりがあり、心が安心すれば気血の滞りも解消するからである。

世界の医学の中には、「筋肉科」専門の医者はいない。専門家は、人間を部分に分け、ほんの小さい部分だけを研究し続けて「これはオレの分野」とレッテルを貼って安心している。「筋肉科」の医者は人間の六十五％もある筋肉、内臓や肛門そして尿道や子宮も膣も、全部筋肉、つまり人間の全部を診なければならない。これでは専門家ではなくなり、医者自身が「筋肉科」をバカバカしいと拒否しているのである。だから五臓の検査で異常が見あたらない人の腰痛・肩こり・頭痛・太りすぎ・痩せすぎ・車椅子の必要な人・半身不随の人・ボケなど、全身の経絡《けいらく》の流れ、気血の滞りで病気になる患者は、筋肉全体の働きがわからないので医者はお手上げである。

仙人・村上総主は言っている。

「私は、医者にかかっても治らない人、例えば、不妊症・子宮筋腫・ノイローゼ・不登校・アトピーなど、どんな人でも私を頼ってくれれば、（自分で治す方法）を伝授するよ」

仙人は、相手の死ぬ時期も知っている。言わないだけだ。仙人がこの人は「駄目だ」と引き受けたがらない人は、死期が近い。どうしても、と家族に頼まれれば、苦しまないで死ねるように、そして運よければ、あの世でもラクに生きていけるように援助することもある。死ぬ時まで、最後まで我欲の強い人は、気の毒だが自分で招いた原因で苦しみながらこの世を去る。仙人とは縁のない人たちなのだ。

第三章
女の役割、それに協力する男の仕事

日本の教育システム
――従来の学校教育はもう通用しない――

男女同権。これは戦後、占領軍米国から注入された思想だ。それを基として戦後の日本政府は、文部省で教育指導方針が作成され、今日まで実施され続けている。日本の教育システムは、粒ぞろいの人材を効率的に育て上げることを目的としてきた。教育行政の主眼は、教育の機会均等、平等の確保のための土壌造りである。

戦後の日本は、生活レベルの高い欧米に追いつき追い越せ一色だった。画一的で硬直的でもあり、先生も大変だった。生まれつき、できの悪い子も、できのいい子もいる。先生はそれを体験的に知っている。それでも頭の中では「頑張れば誰でもできる筈だ」というタテマエだけに頼って、文部省で決められた必須課程を、生徒が分かっても、分からなくても、一定時間内に消化していかなければならない。良心的な教師ほど、心が痛んだ。「もっとゆっくり、わからない子にはやさしく、充分に時間をかけて援助していきたい」と思っても、忙しすぎる。どうしてもあるレベル以下の生徒は、おきざりになり、何とか義務教育を無事終了した形に持っていかなりればならない。校長先生や教育委員会で出される先生の評価でも、「効率化」を最大目標にしている。これでは東海村臨界事故の生産性向上目的を主眼としたステンレスバケツ使用と同じではないか。

激増する生徒の不登校。そしてうまく進まない授業を気にしてノイローゼになった先生たちの不登校。これこそ戦後教育の機会平等、「効率化」教育の行き詰まりである。その事実に、政府も学校も気が付いていない。今こそ学校教育のシステムを見直す最後のチャンスなのだ。従来の常識はもはや、生徒にも家庭にも、そして社会にも通用しなくなった。

東京都品川区の教育委員会が、区立小学校四十校を四ブロックに分け、新入学児童の保護者がブロック内の学校（八から十二校）の中から入学校を自由に選択できる制度を来春から導入することを決めた。この影響は大きいだろう。それも各学校に創意工夫を求める意味では、特色のある制度だが、もっと抜本的な教育システムを検討して欲しい。

仙人は、「義務教育は小学校四年までで充分」と、いつも言っている。あとは生徒が自分で何を勉強したいのか、自分で選択すればいい。高校進学率九十七％は、何を示しているのだろう。高卒、大卒の大量生産時代は終わったのだ。大学へ入るまで塾通いして、合格したら、あとは遊ぶ。単位を盗《と》り、卒業免状や、資格を貰うだけが目的だった親子。もう今の世では通じない。「大学は出たけれど」、無職、大量失業時代の到来だ。何か自分の中にオリジナリティを持ち、特色のある「やる気人間」でなければ、どこの会社でも採用されないだろう。

私は自分の目で、日本の教育方針とは異なるアメリカンハイスクール（高校）の授業を見学した。自分の次女を入学させて貰ったからだ。

昭和五十年（一九七五年）、私は在籍していた日本の会社（東証第一部上場）から、マレーシアにある倒産寸前の会社の再建を命ぜられた。そのとき私の二人の娘に一緒に行くかどうか、本人たちに決めてもらった。その方が、大人になってから「恨みっこなし」になるだろうと思ったからである。長女は仲のいいボーイフレンドがいるから日本にいると言い、次女は「行く」と言う。次女は中学三年卒業前のことだった。中学三年の英語力でどうするのか。

私は現地の日本人学校に入学させたくなかった。日本人家族だけで団結し、地域のマレーシア人との交流はほとんどしていなかったからである。たまたま当時、東京の拝島にあるキリスト教会に通っていた私は、思い切ってそこの牧師さんに相談した。あとでわかったことだが、その牧師さんは、全米プロテスタント教会で相当高い地位にいたらしい。彼の紹介状を持って、マレーシア、ペナンにあるアメリカンハイスクールへ娘の入学を頼みに行ったら、普通ではあり得ない、英語を全くしゃべれない子を受け入れるという異例の待遇を受けた。

私は幸い、なんとか日常会話で自分の意志を伝えられる自分に感謝した。五十歳になってからの初めての海外赴任。電気技術者としての私でも、つぶしが効くと上司が判断したのか、これも初めての海外企業再建の仕事をすることになった。国内でも縁もゆかりもない会社の再建など、したこともない。縁やゆかりがある会社へさえも出向したことがない。

でも私は、私なりにいろいろな事情があり、「やります」と即答した。

当時は日本に「カラオケ」もなく、海外長期派遣者はマレだった。しかも高校、中学在籍中の子供をどうするか、会社は一切相談に乗ってくれない。というよりも会社そのものが社員の海外派遣遺などに経験がなく、無関心だった。

まずは単身赴任。半年経って住まいも決め、やっと家族を呼び寄せられる状態になった。

妻と次女は日航機に乗り、大阪経由でクアラルンプールに直行した。私は到着時間前に空港で待っていた。やがて彼女たちが到着。税関、入口手続きを終了した人たちがぞろぞろ出てきたが、二人は一向に出てこない。黒色のガラス越しに二人が見えた。何やらラチがあかない。思い切って係官に事情を説明して入国手続きでモタモタしている妻と次女に会った。家内も娘も、英語だけの世界へきて、気が動転していたらしい。たぶん、どこから、何の目的で入国ビザも持たずに、何をしに来たのだと聞かれたのだろう。妻はダンマリ、次女はそれでも係官に同じことを言い続けていた。

「オーサカ・フロム。オーサカ・フロム」

どこから来たかと聞かれたのが分かったのだろう。成田発で中継地大阪から来たと「日本語英語」で彼女なりに一生懸命だった。

やがて次女をアメリカンハイスクールへ連れて行った。このアメリカンハイスクールは、東南アジア各地に派遣されているプロテスタント教会の牧師の家族が集合して子弟の教育を受ける施設だった。だから牧師の子供専用の学校で、一般の米国人さえ入学を許されていない。

応接間に通され、校長先生を始め数人の教師が集まってきた。娘は何を話されてもチンプンカンプン。面接時間中は終始沈黙だった。それでも先生方はニコニコ顔でとにかく明日からいらっしゃいと優しかった。私の住まいは意図的に学校から徒歩で五分くらいの所を借りた。

翌日、娘は分厚い英文教科書五冊を抱えて帰ってきた。泣きべそをかいている。私はとにかく最初の一行でもいいから読めと言った。でも心配になり娘の授業を見に行った。校内は塾みたいな雰囲気、一年生も二年生もごちゃまぜである。生徒も先生も机に腰掛け、友だち気分の会話である。生徒はよく質問する。先生はその子の理解力に合わせた説明をしていた。

米国本土内のアメリカンスクールも、だいたい同じ雰囲気という。やはり子供の頃より人とは違った独創的な考え、意見を胸を張って言うように育てられた米国の文化は、画一的教育を目指す日本とは、まったく違うことを実感した。

米国では勉強したいという人は、どんどん入学させる。でもテストとレポート提出は厳しく、本当に勉強したいとか、何かを身につけたいと願う生徒しか卒業できないシステムになっている。人間は人間を教育できない。学ぶ人の中にある素質を開花させるお手伝いが先生の仕事である。だから欧米の教授の第一の仕事は、その子に自分の希望する科目を習得できる能力（素質）があるかどうかを見分けることである。ないと見定めれば教授はハッキリと「君にはこの科目の習得は無理だ」と宣告する。特に音楽、舞台など芸術の世界では、宣告が厳しい。もうそれで、夢に見た芸術家になることは諦めるほかはない。

親バカで言えば、アメリカンスクール教師の洞察力で、この子はやがて英語が自由に話せ、卒業できる素質を持っていると、幸いにも見なされていたのだろう。入学一年半で、英語はペラペラになった。卒業後は日本の超一流会社に勤め、欧米への派遣駐在員として英語も、フランス語もペラペラに。もう私はかなわない。

女に天職はない
――「男女同権」を履き違える不幸――

私の長女は、某女子大、中高部の英語教師を十年以上続けている。毎年夏になると大勢の生徒を引率して米国に二十日間ぐらい行っている。どうも横から見ていると、新人男性教師と対等以上に働いているようである。

マレーシアで三年間、私や家内と滞在し、めでたくアメリカンハイスクール（高校）を卒業した次女は、日本のある大会社の女性初の総合職として、パリ、ニューヨークへ駐在、宣伝活動の責任者として長年活躍してきた。次女も先輩男性と同等以上にハードな仕事をこなしてきたようだ。

仙人・村上総主は言う。

「女に天職はない！」

「天地人の館《あわや》」へ訪ねてきて、毎月の指導員養成合宿にも進んで参加し、総主を取り巻く幹部スタッフとなったＹさん。総主の言われることは何でも「その通り」と信じているが、「女性には天職がない」というコトバには、なにか自分の中に割り切れぬ思いがバクゼンとあったようだ。Yさんは本も書き、コピーライターとしても一流の仕事をこなしている独身の女性である。

「本当に先生、女性には天職がないんですか」

「あー、ないよ」

「そうなんですかネ」

と言いながらも、不満なのか、少し寂しそうであった。

欧米社会では、女性首相、女性議員、女性社長など、女性は男性と肩を並べて堂々と仕事をしている。戦前の日本ではまだ女性の活躍は少なかった。戦後、ある女性議員から「男女同権」が叫ばれ、先進国欧米に弱い日本人が、これを「よいことだ」として「男女同権」の教育に切り換えてしまった。もちろん米国の指示、圧力もあるが、それ以上に戦後の日本人は、欧米人に弱かった。コンプレックスがあり、欧米人に負けないよう、「追いつけ、追い越せ」の大合唱となったのである。

女性が強くなれば、男は弱くなる。

「男女同権」と言われても、男には生理はこないし、子供を創る子宮や卵巣もない。

つい先日の新聞に、多分米国だと思うが、女子プロレスラーが男子プロレスラーをノックアウトしたと報じていた。女性一人ひとりの創られ方もいろいろで、マラソン、走り高跳びなどやれる人もいる。でも多くの女性には激しい運動、テニス・バレー・エアロビックスなどは向かない。子宮下垂を起こし、体全部への気血が流れにくくなる。男がやっていいことを、女も（同権）だから、やっていいとはなっていない。自然界の決まりで、男は攻撃的、女は常に受け身である。

「女は三界に家なし」と言って、この自然界には、過去も、現在も、未来も、女が一人で安住できる家はない。男は生まれながらにして、一国一城の主だ。女は一国一城の主には絶対になれず、自分だけ住む家はつくれない。これが自然界の法則、「アワヤの掟」である。「掟」破りの女性は必ず心が、そして肉体も満たされず、内臓下垂、子宮下垂となり気血が滞る。

小さい頃、男にイタズラされ、「もう自分は処女じゃない」と一生男を恨み、男嫌いで独身を通した女性は、リュウマチになりやすい。若い頃から尼寺に駆け込んで、男性はいらないと思っても、毎月生理があり、子供をいつでも産める機能は続いている。私の次女みたいに大企業の総合職に選ばれ、男性と肩を並べて負けずに頑張って仕事をしている独身女性は、頑張りがいがあって、そろそろ課長職に抜てきされそうな三十代後半になって、病で倒れる。これも子宮下垂が原因なのだ。偶然というか、私のアドバイスがヒントになったのか、次女は四十代を目前にして永年勤めてきた大企業をアッサリやめてしまった。今は日本へ戻り、結婚し、自分の好きな仕事をやっている。

女に天職はない。自分が好きな男性、しかも相手の男性に求められて結婚した女性は幸せである。男の下に永久就職し、子供を産む。これこそ自然界に生きる女性の天職である。

政府の少子化対策は間違っている

――戦後教育が母体を駄目にした――

少子化の本当の原因は、女性の子宮下垂である。

日本の戦後教育システムが女性の体を駄目にした。強制的な「男女同権」のクラブ活動と給食に原因がある。それに環境ホルモンによる男性のメス化、射出精子数の激減が追い打ちをかけた。

平成四年版「国民生活白書」を見ると、出生率低下の原因として、晩婚化、晩産化、セックスレス夫婦の増大、単身生活の便利さ、核家族化、子供の将来への不安、教育費の増大、仕事と家事・育児両立の難しさ、世の中が豊かになって、結婚しても子供を産まず、もっと娯楽や多様な楽しみをエンジョイしたいから、などとなっている。

政府の出生率を上げるための議論では「産みたくても経済的に産めない」夫婦への金銭的援助が中心である。つまり行政の厚い支援があれば、出生率は自然と上がって行くはずだとしている。そして少子化対策に必要なのは子供を育てる環境の整備、その財源探しが第一という。

仙人はいう。

少子化傾向は、これからもドンドン進む。母体が戦後の文部省主導教育ですっかり駄目になってしまったからである。戦後の教育により大自然の法則から外れた母体にしてしまったため、不妊症・流産・奇形児出産が急速に増えてきた。このままでは、正常な子はまったくいなくなってしまう。

人間は必要以上の教育を受け、余分な知識があるために、大自然、地球を破壊し、自分の生命をも圧迫してきた。教育公害だ。男は男としての教育、女は女らしさを保つ教育に切りかえれば、そして義務教育を小学校四年までにし、ついでに強制給食が廃止されれば、母体は回復するだろう。そうなるまで、今後、少子化は続くだろう。今の教育システムを変えるほかに、少子化を止める手段はない。

母体と自然界
——群婚時代がやってくる——

おとぎ話（男と女）

　むかしむかし、とってもむかし、今と同じように、男と女がいた。でもその頃は、結婚制度も法律もなく、男たちは自分の欲しい女を力ずくで奪ってきたものだ。欲しい女が、他の男のものだったときには、なんとかその男を殺して、彼女を自分の住み家に引きずってこようとした。

　だから力が強く、狩りに出てたくさんの獲物をとってくる男だけは、女に不自由しなかった。その男の名前はレッド。欲しい女は何人でも腕ずくでとってきた。あるとき隣村に遊びに行ったレッドは、村に入った途端、自分好みのプチプチ美人に出会った。今までにこんな魅力的な女を見たことがない。レッドは片目をつぶって「お前が欲しい」とサインを送った。女はニッコリ笑ったので、しめたと思い、さっそく近くの森の中で抱き合った。

コトが終わったところへ、これもレッド好みのプリプリ美人が通りかかった。プチプチ美人には「チョット待っていろ」と言って、プリプリ美人に、「お前が好きだ。オレの村に来い」と言い寄った。プリプリ美人は、チョットプチプチ女に目をやったが、「アタイ（私）のほうがキレイさ」と直感し、レッドについて彼の住み家へ歩いて行った。レッドの右腕にはプチプチ、左の腕にはプリプリがぶら下がったまま、やがてレッドの家についた。

隣村からプチプチやプリプリを取り返そうと、二人の男がやってきた。レッドの家の前で格闘になり、一人の男は殺され、もう一人は逃げて行った。プチプチやプリプリは家の前で黙って見ていたが、両人とも殺された男友達には目もくれず、レッドに抱きつきながら歓喜の声を上げた。

そこへ他の村から薬草と食べ物を交換しようと、食べ物を背負ってきた二人の女が通りかかった。その女たちも、さっきのケンカを見ていたのか、この女二人も目くばせしてレッドの家へ入って行った。レッドがとても格好よく強そうに見えたので、口には出さないが二人ともレッドに抱かれたいと願ったのだ。レッドの家に入ったときには、もうアソコはぐっしょりだった。部屋では、プチプチとプリプリがレッドの傍に寄りそっていた。レッドは急に今、入ってきた女たちをパッと見て、気に入り、手招きで呼び寄せた。二人の女は喜んでレッドの所へ行ったけど、プチプチとプリプリはレッドの両手を抱えて離さなかった。しょうがなくレッドは、今来た二人の女を一人ずつ片脚で抱え、女四人とレッドは楽しく遊んだ。

レッドが狩りで家を留守にしていると、四人の女はヒマをもてあまして、ときどき部落の森へ遊びに行って、そのまま帰ってこないときもあった。

レッドは動物的な嗅覚で、女を連れ去った男を探し出し、抵抗する男はすべて殺してしまった。

レッドと同じくらい強い男も、部落や隣村そして他の村にも何人かいた。強い男たちは互いに疑い深く警戒し合うので、釣りや猟に安心して長時間を費やすことは無理だった。ましてや弱い男たちは、せいぜい一人の女を捕まえられれば上出来で、その一人の女さえも、ときどき強い男にかっぱらわれ、何日も何カ月も女にありつけず、森の中をうろうろ寂しく歩くだけだった。

やがて時がたち、こんな生き方は人間の生き方にふさわしくないと、弱い男たちは気がついた。なんでも海の向こうには、もう一つの別世界みたいな大部落があるという。われわれと違って、もう人の肉など喰わず、研究者たちが雨を降らせる踊りを発明し、野菜やフルーツはふんだんにあり、鉄砲という強い弓と金属の矢尻で、どんなに速い動物でも射止めることができるとのこと。この話は何代も前から口伝てに年寄りから伝えられてきた。

海の向こうの部落では、女の奪い合いはないという。必ず男と女は一人ずつと決められているそうだ。

そこで村の弱い男たちは、村の長老、古老に話して、村の掟をつくり、安心して生活できるよう提案した。弱い男も、強い男も、平等に一人の女（妻）だけを手に入れる。もしその掟を破り、他の妻を手に入れるため、その夫を殺すようなことがあれば、ひどく罰せられると決める。弱い男たちは安心して「雨を効率よく降らせる踊り」や、牛馬を飼う技術を研究でき、そうすればわれわれの生活レベルも海の向こうのあこがれの部落に追いつける。もしかしたら、追い越せるかもしれない。

ところが、長老や古老は色好い返事をしなかった。実は、その長老たちも女の略奪の楽しみを、今でも忘れずにいたからである。やがて時がたち、村の弱い男たちは近隣の弱い男と話し合いがもたれ、ついに各部落の長老たちが全員集まり一大会議が開かれた。その会議に出席したレッドは大声で長老たちにヤジをとばし続けた。レッドは隣村の長老に向かって叫んだ。

「お前だって、前には女さらいだったじゃないか。上品ぶって妻である女に手を出さないなんて掟をつくったって、他の男は本気でお前の女に手を出さないとでも思っているのかい。こりゃたまげた。お前たち長老は、人間の性質が変えられるとでも、本気で思ってるのかい」

一大会議は行き詰まってしまった。強くて声の大きいレッドの意見に従う長老も多かったのだ。

会議では結論が出なかった。それから何千年かが経過した。その間、数え切れないほどの弱い男たちがその女を守るために殺され、男たちも、恨みを持った男たちに殺されない用心から互いに殺し合いが続いたとさ。

おしまい。

幽体の大移動と不要になった人間の抹殺

――自然災害は幽体による地表の掃除？――

仙人は時々面白いことをいう。

「オレが近い将来に群婚時代がくると話したのは、もう十五年か、二十年前の話だ。それを聴いていたスケベなオジチャンがしつこく私に質問していた。いつ来るのかって。もうスグだよ、と言ったら、早く来ないかな、楽しみだなとニコニコしていた。でもそのオジチャンは、とっくの昔に死んでしまった」

その話を聞いていた人たちは、ゲラゲラと笑っていた。

でも仙人はウソを言わない。

「日本経済はもう終わりだ。たとえ一時的に景気がよくなったとしても、長くは続かない。第一、人間の体がもう駄目になってきたからネ。やっぱり駄目だよ」

「もうすぐ、あと五年ぐらいのうちかな、日本や世界の人口は激減する。日本では、一億二千万人が、七千万人ぐらいになる」

「やがて日本にも大地震がやってくる。阪神の大災害など、また同じ場所で災害が起こる。地震も台風もあり、人工衛星もジェット機もドンドン空から落ちる。一度自然の力でやられた場所は、もう立ち直れない。もうこれでもか、というくらい災害は同じ場所に発生する。すべてが幽体の大移動なのだ」

人間の魂だけは、あの世で出来る。自分の神魂が直属先祖霊五千人を引きつれて、私の中に受胎した瞬間に入る。だから魂は決して親が子に入れたものではない。死は、心臓が止まったから、脳の動きが止まったから死んだのではない。心臓が止まったから魂が離脱したのではない。魂が離脱した時からが死である。

何年間も、何カ月も、意識不明のまま生きている人もいる。急に死んでまだ魂がこの世にさまよっている人もいる。

人は、その肉体がこの地球上において何をするのか決まって生まれてくる。

その生命が、その肉体が、この世で必要でなくなったとき、幽体は肉体から離れて、あの世へ行く。

人間が一人でもこの世に生まれてくる間、魂はあの世で生産され、どこかで男女結合のとき、受胎された瞬間に入ってくる。あの世はどこにあるのか。それはこの世にあり、あなたや私の今生にある。

しかし、幽体がいる所は住む世界、考えていること、言うことが違うため、人間には見えないし、この世に出てくることもない。要するにいる場所が決まっている。現世の中にあっても、肉体を持っていない幽体は住む場所が違う。この世にいても見えない所にいるのである。つまり幽体は、常に異次元空間にいるから、普通の人間には見えないし、まったく住む世界が違うから人間に関わり合う筈もない。肉体を持って住む世界と、肉体がない幽体だけの世界とは、何の関係もないのである。

最近よく、何かの霊が憑依したとか聞くが、自然界に生きている人間の体の中には、もの凄い早さで「気」と「血」が回っている。つまり、その血液が二十四秒間の速さで完全に体内を一回転していれば、そんなものは皆、振りほどけるようにできている。本来、人間の体は何が来ても振り払えるように創られているのである。

以上は、「天地人《あわや》の館」総主・村上勝夫著、『人間の設計図』に書かれてある幽体の説明の要旨である。

何億年、何十億年も前から人類はこの世に生息し、死後幽体となり、あの世で暮らしている。今の世界人口が六十億なら、その何百倍、何千倍、いや何億倍の幽体があの世に存続していることになる。何故なら霊魂は不滅で、永遠に存在し続けているから。

「これではあの世は幽体だらけで大混雑になるのでは」と思うのは、この三次元世界だけで生きている私たち人間の浅はかさ。あの世には空間概念も、時間概念もないのだから、「多すぎる」とか、「満員」というイメージは通用しない。だけどここで分かりにくいのは、「幽体の大移動」だ。

幽体は時間とか空間は関係ないのだから「大移動」とは、大変化ではないのか。

私たち人間は、人間を中心として世の中を自分勝手に組み立てている。地球も生きている。それに地球上の生物も六十兆生きている。その六十兆は、人間の体内にある六十兆の細胞と交流している。人の大脳皮質には百四十億の神経細胞があり、銀河系宇宙の星の数と同じという。地球や動植物、またそれらを含む大自然の言い分として、人間は必要なのか、どうか。不要なら、きっと余分な人間は抹殺してしまうだろう。

突然に発生する地軸移動（ポールシフト）、巨大隕石の落下、伝説にあるようなアトランティスやムー大陸の浮き沈みなどはすべて、地球上の六十兆の生物、見えない霊魂の働き、これらをすべてを含んで生きている地球が、必要あって招いた災難である。これにより、もう必要でなくなった人類を、大陸と共に海底に沈め、ポールシフトで汚れた地球表面を清掃したのかもしれない。幽体の命は永遠であり、地上の大変化（大地震など）を起こすのに幽体が協力しているのかもしれない。やがて地上に再び生まれてくるときは、生活しやすいように、大地震、大噴火などを再発させ、これから、住むのに不適切な所を、元へ戻そうとする幽体の作業ではなかろうか。

多数の幽体が場所を移動するときの見えないエネルギーによって、生きている地球の環境整備を手助けしているのではなかろうか。

よし、この続きはこの原稿には間に合わないが、仙人に上手に質問をして聞いてみよう。

魂（幽体）は三世を同時に生きている

――幽界には「時間」がない――

人間の心の容器である肉体が壊れてしまうと、その中に幽体が入っていることがとても苦しくなる。これが病気である。

例えば、豪雨、強風によって、その家の戸も屋根も飛んでしまえば、とてもそこにはいられなくなり、人は移動する。同じように、人間の肉体が壊れてしまえば、肉体を動かす魂である幽体は、当然、そこには入っていられない。そして肉体から幽体が抜け出したとき、離脱したとき、人は死ぬのである。

しかしその魂は、過去何十年、何億年にわたって幽界に生きて、直属の先祖霊として地上界に下り、いろいろな経験を重ね、またあの世へ移るなどして三世を回り続ける。

三世とは、過去・現在・未来である。そして幽界には時間は存在しないのだから、この地球上に神魂と共に何回生まれてきても、「今度は何回目」という考えにはならない。時間軸がないのだから、何回生まれても順番はない。みんな同時進行で、過去・現在・未来と区分けできない。過去は未来でもあるし、現在は過去でもあり、未来でもある。

生きている人間の世界で説明すれば、千年前に生まれてきたのが過去であり、今生が現在となる。過去と現在は、内容に差はあっても同時進行している。ただし人はこの世に生を受けた時点で、過去世の記憶は完全にかき消されてこの世だけを生きている感覚になっている。

人は死後幽体としてあの世に住み、必要があればいつでも神魂と他の直属先祖霊五千人の中の一人としてこの世に生まれてくる。

少し分かりにくいかもしれないが、あの世には時間軸がないので、あの世から今の私をみたら、どうなっているのであろうか。平成十一年十月十七日、この原稿を書いてる私、それと例えば江戸の末期に生まれ、医者の仕事をしていた私は、くどいようだが時間軸がないのだからダブって生きている。江戸時代の医者である私も、きっと今で言うカウンセラーか、ノイローゼ・神経疾患者の相談相手になっていて、そのかたわら本でも書いていたのかもしれない。

それに神魂が絡むからもっと多重になる。江戸の医者として幕府の殿様に仕えていた私は明治維新に翻弄され、なにか殿様のご機嫌を損じ、死刑を宣告されたような気がする。つまり大会社の社長を辞めて、村上総主をもっと世間に知って貰うために著述業をしている私と同時進行で、江戸時代の私がこの世とあの世で同時に生きている。その前の平安時代。宮中で雅楽を演奏していた私、その時も宮廷で貴族の奥さんと仲よくなってしまったのがバレて打ち首。この人生も今、私は同時に生きている。その前も、その前もと、限りなく多くの、古代からの人生を知らず知らずに多重、多層の各世代を同時に生きている。

三世を同時に生きるという説明、これは仙人が話ししてくれたのではない。私が勝手にそう思っただけだ。この十年間で、私は死刑になる夢を二度も見た。いずれも、両手を縄で縛られ、確か一度目はそのまま座らされ、もう一度は立ったままだった。死刑執行者三人はやがて銃口をこちらに向けた。

「ああ、これでオレも死ぬのか。面白い人生だったな」。不思議なくらい私は落ち着いていた。やがてドーンと響く前に、目が覚めてしまった。これが前世二回とも死刑と関係あると思った理由である。夢でも自分に必要があって見るものではないのか。今生の最後はどうなるのか楽しみだ。今の所はどうなるのか、まったく自分にも分からない。

平安朝時代宮廷で雅楽演奏をしていた過去世は、私が若い頃、バイオリンに熱中したことと関係がありそうだ。毎日八時間、土・日も正月も裸で汗をかきながら弾いていた。さぞ近所の人たちは迷惑していたことだろう。しかし、私にはバイオリン演奏のプロになる素質はなかった。私の三年後に始めた人が、毎日三時間ぐらいの練習で、もう私の技術を追い越してしまったのである。

トリルを演ずる指の動きの正確さ、バイオリンの弓さばきの素晴らしさ、同じ練習日、先生の前で演ずる彼の姿を見て、大学卒業寸前の私は、バイオリン専門に進む道を諦めたのだった。

ここで私の話をまとめてみよう。

①私の神魂は、神代の以前から何回もこの地上に私の直属五千人の先祖霊を連れて、この世に生まれてきた。

②私の神魂は例えば平安時代をこの地上でやりたいことをやって往生（死刑でも）し、

死後幽界で、直属先祖霊五千人を切り離し、一人、神魂だけが神界にある私の「魂の古里」へ帰って行った。

③次の江戸時代、私の神魂の必要があって、医者として生きるため、前回とは異なった構成で直属五千人の先祖霊を引き連れて、またこの世に下りてきた。今回の先祖霊五千人の中に、前回の平安時代を神魂と過ごした先祖霊がいるのかどうか、私には分からない。でも神魂は、この世に生まれてくる度に神魂のレベルも上がり続けて行くのである。

④もう一つ、直属五千の先祖霊たちはどうなのか。

私が死ねば、私は長女と次女の先祖霊となる。妻は五年以上前にこの世を去った。これも長女と次女の先祖霊である。

私にとっても、既に他界した私の両親は直属先祖霊である。つまり誰でもこの世に生まれてきた者は、二人の直属先祖霊を持つことになる。

言ってみれば、この世を去った私は、私に入った神魂と直属五千人の先祖霊と、幽界でバラバラに分解される。もちろん、私の死体は地上に置いてある。焼き場で燃やされて灰になり、元の原子たちに分解される。その燃えかすの原子にまで今生きている私の気が入っているかどうか、それはここでは論じない。

私がこの世でまた死刑になっても、「やりたい事は全部やったよ、面白く楽しい人生だった」となれば、神魂は満足して幽界を去って、魂の古里に「ただ今」と言って帰れる。そのとき、私は初めて幽界入りした新参者となり、五千人の先祖霊とは互いに関係を持ちながら、次に生まれるチャンスを待って何かをやっているのだろう。

もし私が不本意に死刑となったならば、死後、私の魂はこの世でやりたかった仕事が中途半端で中止されるため、私を死刑に追いやった人たちを恨み続け、そのため神魂と先祖霊とに分解されず幽界をさまよい続けるだろう。

戦時中、片道だけの燃料を積んでお国のためと、「天皇陛下万歳」と大声で叫びながら、敵艦に突っ込んで戦死した二十歳にならない少年兵たち。それを「国賊」とまでに非難し、軍神として靖国神社に祭るのを拒否した戦後の日本政府への神バツは恐ろしい。

自民党は平成十一年十一月二日、やっと靖国神社のありかたを検討する協議機関の設置を決めた。首相や閣僚による公式参拝の実現を求めるとは言っても、第二次大戦のA級戦犯分祀にはヘッピリ腰となる。何故A級戦犯を区別するかの論議を突きつめると、結局は先の大戦の歴史認識の問題となり、東南アジアなど近隣諸国の顔色が気になってしょうがない日本政府である。

この世に善悪などもともと存在していないことも知らず、世界各国のモノ笑いにもなっているおろかな処置。近隣諸国の政治的な発言だけを気にし、自分たちの国を、自分たちで守るという信念もなくフラフラと今日まで生き続けてきた日本。今までの各界指導者たちこそ、幽界からみれば「国賊」なのだ。この考え方が変わらない限り、残念ながら日本は滅亡への道を今後もとり続けて行くことだろう。

⑤結論を言えば、こうなる。

人は誰でも、生きながら死んでいる。また、死にながら生きている。

気がついてみたら、これはいつも私にいろいろ話してくれる仙人のコトバでもあった。

夢と現実
――家内の死を巡って――

私も二十四秒に一回、気血が体内を回らない憑依体質だったのか、よく、おかしな夢を見る。

一番怖い夢は子供の頃、化け物に追いかけられる夢だった。近くの浄真寺を取り囲むような散歩道、そこで化け物から逃げようと一生懸命に駆けるのだが、足が進まない。もう駄目だ。捕まると思った瞬間、「ギャー」と大声をあげて目が覚める。これは十回以上、いつも見させられた夢である。

次は空を飛ぶ夢。山の頂上から手を拡げて、ふもとの大きい家までグライダーのように、スーッと空を降りてゆく。そして家の中を飛びながら庭に出て休む。その他、道から電柱や電線にスーッと昇る夢、駅の階段を踏まずにスーッと降りていく夢、新幹線か何か、その電車の屋根の一メートルぐらい上を電車と一緒に飛ぶ夢、突然に丸裸で歩く恥ずかしい夢、そして川の中に、身が半分しかない魚ばかりが泳いでいる嫌な夢、きれいな水の中をオヘソの上までつかりながら歩いている夢などいろいろあった。ここまではキット誰でも見る夢だろう。

でも次の夢は別だ。恐ろしかったとは思わなかったが、不思議な夢を見た。家内が死んでまもなくのことである。夜、寝ていると、誰かが布団の左端下に座っているようだ。かすかにその重みが、掛け布団を通して伝わってくる。なんとなく死んだ家内だと思った。

「何しに来たんだろう。あっ、そうか。生前の私の勝手な行動に恨みがあって、今日、私の首を絞めに来たのかもしれない。殺しに来たのかも」

とっさに何を思ったのか、死んだ家内に私は説教を始めた。

「お前、そこで何やってんだ。私を殺したいのか。殺したいほどの恨みがあるなら、私も覚悟する。でもお前、もう死んだんだ。死んだ人はあの世でやらなければいけないことが、たくさんあるんだ。なんで今頃になってここへ帰ってきたんだ。お前の住む所はここじゃない。あの世なんだ。分からないのか」

そこは家内が死ぬときまで住み、死んだ後も私が住み続けている東京・五反田のマンションの一室である。私は一瞬、殺されてもしょうがないと思った。私も聖人、君子ではない。世の中で言う悪いこと、してはいけないこともいっぱいやってきた。ウソもいっぱいついた。私が悪いんだからしょうがないと、覚悟を決めたのである。

でもそのとき、ハッと思った。もしかしたら家内は死んだという意識がなかったのではないか。

家内は一年の長い月日を病院の個室で一人、過ごしてきた。自宅から歩いても十分、車なら二、三分の距離にある大病院に入っていたが、医者の許可を得て、二、三カ月に一回は家で生活をしていた。そしてリンパ節が腫れてどうしょうもなくなって再入院。抗ガン剤の点滴を行った。その結果、頭の毛はすべて抜け、丸坊主となり、かつらをかぶっていた。抗ガン剤を投与された患者の苦しさ。米国ではその当時「抗ガン剤は効かない。かえって有害だ」という学会の発表もあり、それほど抗ガン剤効果は有力視されていなかった。

若い女医さんは、「今度は今までのよりよく効き、苦しみもそれほどでない新薬だ」と、それを投与する。それでも家内の苦しみは軽減されず、最後は「もう抗ガン剤は要らない。嫌だ」となった。今思えば、日本は世界最大の抗ガン剤生産国だそうだ。病院側も、他にガン患者を救う方法もなく、製剤会社に言い寄られて、密着していたのかもしれない。

今になって思えば、死ぬ三カ月前、何日か帰宅していたとき、精神的に安緒していたのか、気分はよさそうだった。しかし、リンパ節の腫れは消えるどころか、急速に全身に発生した。特別にリンパ節だけに痛みがひどいというわけではなかったが、こんなに大きく肥大したリンパ節が至る所に出てきて、この先どうなるのかという不安が大きかったのだろう。病院側も、早く戻ってこないと危ないと言うので、妻も、「嫌だ、イヤダ」と言いながら、それじゃこの腫れをとりあえず、ひっこませるためと、また病院へ戻った。また帰ってくると自然に思ったのだろうか。身辺整理は何もせず、部屋も散らかしたままの入院である。担当の医者が交代し、今度は中年の頼もしそうな医者である。私は別室で、担当医にたびたび質問した。

「あと幾日もつか」

「そう、よくて三カ月。病原のガンが頭に上ると終わりです。その頃は頭が割れるような苦しみとなります。まあ、その時はまた相談しましょう」

担当医は意味ありげな一言をつぶやき、部屋から出て行った。

あと三カ月。そんなに短いのか。

私は家内が血液ガンの一種、悪性リンパ腫だと、医者が診断したとき、すぐに正直に本人に伝えてしまった。入院最初の一週間目のことである。当時の担当医がおずおずと切りだした。

「検査の結果、悪性リンパ腫と判定したのですが、奥さまにはどう伝えられますか」

「いや、それを聞いた昨日、もう家内にそのまま言っちゃいましたよ」

「エー、そんなに早く言っちゃたんですか」

医者は当惑していた。患者にどう通告するかは、今でも世間では解決不能の問題だからである。しかし私の中では、歌の文句じゃないけれど、

「死ぬまでだまし続けて欲しかった」

とはいかなかった。自分では上手についたと思っても、私のウソはいつも相手にバレてしまうからだ。

表面上は、家内は驚いたり、泣いたりしなかった。いつものようであったけれど、本当のことは今でも分からない。

死後すぐに夢にでてきた彼女。私はとっさに思った。「死んだ」という自覚はなかったはずだと。

七月の終わり、私は急に担当医から呼び出された。

「奥さまの余命は、あと二週間です。パリにいるお嬢様をお呼びになったらいかがですか」

私はビックリした。家内はもうアト二週間であの世へ行く顔には見えなかったからだ。

娘には国際電話で、「ママはもう駄目だから、早く帰っておいで」と連絡した。毎日忙しくパリを根拠地として欧州各国をとび廻っている次女にとって、仕事を中断される苦痛はよく分かる。でも、彼女はすぐに日本へ帰ってきた。死ぬ十日前である。家内は入院中で朝晩点滴チューブをつけながら、それでも見た目だけは元気そうだった。それで次女は言った。

「なんだ、ママ元気じゃない。もうじきご臨終と聞いたけど……。来なきゃよかった」

「バカ言うな、お前、医者の言うことを信用しろ。ロウソクも消える前の瞬間は明るいんだ」

「フーン」

次女は帰国したのをこれ幸いにと、日本にいる友だちに電話したり、五反田駅近くのデパートへ買い物に行っていた。

三カ月前、医者は「あと三カ月の命」と私に語った。今度はアト二週間と言う。私は担当医の言うことを信じた。死ぬ二日前に会社と葬儀屋、そしてお寺には連絡をとり、二日後ぐらいだからと万一の時の手配を済ませた。

死ぬ三日前、担当医は言った。

「もうガンが頭にまで上ってきました。終わりです。相当に苦しみますので、モルヒネの量を少しずつ増やしていきます」

私はすぐに分かった。死ぬ時期を故意に早めるのは、医者の罪となる。暗黙の了解を医者が求めてきたのだ。私も家内の頭が激痛に襲われるのを見たくない。私は知っていた。モルヒネの量をある規定量以上に注入することは、本人に強烈な麻酔をかけて死に至らしめることと同じことだということを。

「お願いします」

私は即座に担当医に言った。

ああ、これで終わった。それが私の実感である。死ぬ前夜、私がこの二日間、寝ず

に家内の側に付き添っているのを見た病院スタッフが、「隣の部屋が空いてるから少しお休みになったら」と、勧めてくれた。万一の時は連絡をくれるというので、私は夜中からグッスリ寝てしまった。明け方、看護婦さんに起こされた。午前四時頃だった。

「奥さま、先ほどご臨終です」

慌てて部屋へ戻ると、担当医、そして数人の看護婦さんが立っていた。彼女たちは静かに私に頭を下げた。

このような成り行きだから、私は家内と最後の別れの会話はなかった。いや、入院直後からこの一年間、一度もそれらしき会話がなかった。だから自分では死んだことなど分からないのが当然だ。

薄暗い部屋の中、私の寝ているフトンのたもとに黙って座っている妻。それで私は言った。

「もうお前は死んだんだ」

と。

夢の中で家内が私の所へ来たのを見たのは、確かなのか。

本当は、覚めている私が体験したのか。

今でも区別はつかない。覚めたときには、彼女はもういなかった。

これには後日談がある。

家内が亡くなって二年ぐらい経過した頃、私は五反田のマンションを改造して、私の住まい兼㈱天地人《あわや》五反田道場にしたいと、総主に申し入れた。当時は東京に支部はなかったのである。総主は喜ばれて、「それなら東京本部としたらどうか」と、過分なお言葉があった。そこで私は別会社、㈱天地人《あわや》東京本部を創設した。当時の㈱天地人《あわや》社長の田島氏は、今から十五年以上も前、総主に救われ、財産を投げ出して㈱天地人《あわや》を設立していた。ご自身と同じように、病院に行っても、健康器具やクスリなど何をやっても治らず、苦しんでいる人のために、という趣旨で。

いよいよ㈱天地人《あわや》東京本部オープニングセレモニーの日が来た。高崎の本部からは、わざわざ総主、そして田島社長が上京され、これに数人のスタッフが同道した。チャイムが鳴り、会場に総主が「ヤーヤー」と入ってくる。しかし、田島社長の姿が見えない。そういえば入口近く、エレベーターの傍らに鉄の昇降用階段があった。社長はそこから外の景色を眺められているのではないか。私はそのとき、フトとそんなふう

に思った。やがて挨拶の段になり、スタッフが大きな花束を抱えてきた。

（ナンダ、社長はお祝いの花束を買いに行かれてたのだな）

私は一人で納得していたが、何故か、田島社長からは一言の解説もなかった。それからずっと経ってから、何気なく田島社長が次のようなことを口にした。

「オープニングセレモニーの日、マンションの入り口付近の鉄階段の所にあなたの奥さんが立っていて、私に話しかけてきたの。『生前は髙津社長にいろいろお世話になり、とても感謝してます。それを是非伝えて欲しくて、ここへやって来ました』とおっしゃたんです」

「それじゃ、あの花束は」

「そう、お祝いじゃなく、奥さまの霊を慰めるためにネ」

それを聞き、私は一人で安心した。「なんだ、恨みがあって来たのではなかったのか」。それにしても、田島社長はよくわかるものだな。やはり幽界とこの世は同時進行、いつも交流していて、いつでも「今」なのだ。

なぜ群婚時代がやってくるのか
――自然淘汰が始まろうとしている――

今、われわれの肉体が壊れてきた。人間の勝手な思いで地球そのものが駄目になってしまったからである。壊れた田畑の表面は、元の状態に戻すため、化学肥料や農薬を入れ、疲れ果てた土地にくわを入れ、泥を掘り返す。さらに、必要なら表面から深さ二メートルくらいの土を除き、肥えた土と入れ替える。

地球も同じこと。大雪・大洪水・大地震・大津波・大隕石の地球激突、それでも駄目ならポールシフトなど、いくらでも地表を元通りに耕す手段を持っている。それに人類が邪魔なら、生殖機能の破壊や各種新型ウイルス発生で集団死亡に追い込んだり、天候異変による大食糧危機を引き起こす。

このままでは、毎日大量の人間がバタバタと死んでいくだろう。女性の子宮下垂で奇形児、不具者しか生まれなくなってくる。気が付いたら子供を創る能力のある男性が周囲に見当たらなくなった、という時代がくるのだ。性能力を生まれながらに発揮できる強い男性は、奪い合いになる。弱い役立たない男の子は、若い女性の本能からすると、もう魅力的ではなくなる。健康な女性にとっては、なによりも自分を充分に満足させてくれる強い男に目がいく。欲しがる。弱い男と女は、ただママゴト遊びをしているようになる。性には興味がなくなり、ゲームや何かで遊ぶだけのセックスレスカップルが、至る所に激増する。でも時代も変わり、気候・経済・社会情勢もすっかり変わって、弱い男や女は生きて行けなくなる。十代、二十代でも病気になり、この世を去っていく。人口は急速に激減し、世の中は先が見えず、大騒動になる。気は狂い、殺し合い、何でもありの時代へ突入する。

その時、日本の東北地方出身のカリスマ型指導者が突然に現れ、日本いや世界のリーダーとなる。古代の神霊政治が復活し、「アワヤの掟」は尊守され、これに反対する者は容赦なく、「時のリーダー」から抹殺される。

群婚時代は、そんなに楽しい時代ではないのだ。弱い男女は自然界では必要なく消されてしまう。そうなる警告でもあるのだ。

第四章

これだけは絶対にやってはいけない

瞑想は危険な憑依霊との遊び

絶えず大自然は動いている。太陽の動きにも休憩はない。小自然である人間の心臓（太陽）も、昼夜二十四時間絶え間なく動いている。心臓の一瞬の停止である不整脈が起こるのは、筋肉に二十四秒に一回気血が回ってない証拠だ。その他の各臓器も、見えない十二経絡《けいらく》の道順に、宇宙の気が一日に五十回巡っている。

瞑想すると、心臓の一瞬停止のように、気の流れが止まる。そこを憑依霊に狙われる。一瞬の隙に侵入した憑依霊たちにとって、こんな住みよい肉体はない。「どうぞ遠慮なくお入り」と招待されたようなものだ。憑依霊は喜んで遊ぶ。キリストに化けたり、宇宙創造神になりすましたり、瞑想者が頭の中でどんな回答を欲しがっているかがすぐ分かるので、素早く教訓を垂れ始める。

宇宙の神は、瞑想者がいくら求めてきても語らない。いや語れないのである。この世に生を受けたときから、瞑想者が生きていくのに必要な情報はすべて与えられてある。何を今さら自分の外に神を求めるのか。

瞑想者は言う。

「自己を見つめたい。そして自分が何なのかを探したい」

「神と一体になりたい」

「自分の意識を神の領域まで高めたい」

「もっと広く世の中に貢献していくため、何か悟りがほしい」

「もっと真理を知りたい」

「霊能力を養いたい」

「将来、自分の運命や、人の運命、地球の運命が見透せるような超能力を身につけたい」

これら瞑想中のすべての願望が、憑依霊の餌食になる。宇宙の神、指導者になりすました憑依霊たちは、瞑想者の肉体を使って、憑依霊が前世でやり残した願望をやり遂げようとして、瞑想者にさまざまな命令を下す。憑依霊もバカじゃない。初めの命令は、瞑想者が実行すると、「やっぱり、その通りにやってよかった」となる。そしてだんだん憑依霊の思い通りに操られ、最後は貴重な命を落とすことにもなりかねない。

「オレは、そんなことはない。瞑想のお蔭でだいぶ悟りも開けた。これからも瞑想は大事だ」

と、おしゃる人もいるだろう。それはそれでお好きなように、となるのだが、人は何のために、どんな目的で瞑想をやるのだろう。

彼らは宇宙、地球など、大自然と人間との関係を知らないから勝手なことを言う。そして自分が自分の心と体を勝手に、自由に使えると信じているのである。まして自分の体は神魂と先祖霊が使用しているなど、思ってもいない。とにかく瞑想は危険だ。絶対にしないほうがいい。

臓器移植をやってはいけない

「自分の体は、死んだら誰にでも提供します。心臓でもなんでも、ご遠慮なくお使い下さい」。世間では、困っている人を援けるのは美徳だという。でも自分の体は誰が創ったのか。自分ではない。両親でもない。神である大自然が創ったのだ。脳死の判定基準もアイマイだ。心臓が止まったから死ではない。脳波が停止したから死んだのではない。幽体が離脱したときが死なのである。だから地球では、まだ生存中に心臓や腎臓を切りとられているのかも知れない。

移植要求側にしても、他人の臓器を奪ってでも、そんなに生きたいのか。すさまじい執念である。この世に生まれてくるとき、既にいつ死ぬのかも決まっているのだ。自分の力、医者の力で、どれくらい延命できるのか。

他人の臓器を移植された人の肉体は大混乱である。肉体が混乱すれば、心である幽体も大混乱する。何故か。

物の世界では、部分の集合は全体となる。ライターは部品がまずつくられ、それで組み立てられた製品はどれでも燃料のガスが入ればすぐに点火する。

生き物の世界は別だ。五人の体から五臓を一つずつ取り出して、組み立てても一人の人間にはならない。人体は六十兆の細胞で構成され、六十兆の一つ一つの細胞が、その人を代表しているからである。五人の細胞は別々である。だから、人間の細胞一つを取り出してみれば、そこにその人を構成する全身の肉体情報、そして考え方など心の情報まで入っている。だから他人の腎臓を移植しても、移植された人にはならない。二人の人間が一人の体の中にいるようなものである。これが混乱の原因となる。移植を受けた人の幽体は、提供した人の幽体と無理やり合体されたようなもので、移植後は長くは生きられない。死後の魂も大混乱で神魂と先祖霊に分解されず、その幽体は、永遠に幽界をさまようことになる。臓器移植をした外科医はこの世では移植成功の名医と評判をとるが、死後幽界では罰せられ、決して成仏できない。

ぎっくり腰になったら牽引をしてはいけない

日常生活でチョッと背伸びして天井近くの押入にあるものを取ろうとしたとき、あるいはゴルフ場の傾斜地で変な恰好のまま思いっきりアイアンショットをしたとき、突然腰に強い痛みが走って、そのまま動けなくなる。額にはあぶら汗、足も突っ張ったまま。どうしようもない。

やがて整形外科へ。診断は「椎間板《ついかんばん》ヘルニア」。とりあえず痛み止めの注射が打たれ、入院中にこの部分を牽引してしまう。

人間の腰の骨、つまり腰椎《ようつい》は五つあり、その四番目と五番目の間に、医学でいう椎間板がある。そして椎間板の周りの筋肉に正常な血液の流れがあることによって、腰を曲げることも、歩くことも、座ることもできるように創られている。

人間の関節は、どの人も、三百六十五カ所ある。関節は骨と骨で組まれている場所は一カ所もない。骨自体は叩いても削っても痛くない。骨の表面には、骨と似た薄い筋骨という筋肉で覆われている。

薄い筋骨（筋肉）で包まれている腰椎《ようつい》の四番目と五番目の骨、その間に椎間板という骨に似た軟骨がある。急激に腰をひねったり、重いものを持ったりして、椎間板に強い負担がかかると椎間板の一部（軟骨）が飛び出したり、変形したりする。

診療室のレントゲンでは椎間板が見えず、上下の骨がピタッとくっついているように見え、または軟骨（椎間板）が飛び出したようにも見える。それで医者は、

「腰のこの部分の上の骨と下の骨がくっついているために、骨と骨が当たってそれが神経を刺激するから骨が痛くなる。だから、骨と骨を離すために牽引しましょう」

と言う。

整形外科ではすぐに牽引してしまう。首が悪ければ首もグイグイと引っ張る。毎日のように牽引される。

その牽引によって、腰の痛みはなくなる。患者は手と足を縛られ、上と下から強く引っ張られたことにより、腰の筋肉の細胞の神経がマヒし、一時的にでも楽になり、治った感じがする。しかし何日か、何カ月か経つと、また痛くなる。

そしてまた牽引。二、三回はいいかも知れないが、これを四回も五回もやってしま

うと、腰や首の細胞は引っ張る前以上に、まったく駄目になり、ついには「手術しますか」となる。

骨を覆っているのは筋肉である。筋肉を構成する細胞が駄目になれば、その細胞に血液が回って行かなくなり、筋肉の細胞はカチカチに硬くなってしまう。

自然界でいえば、田んぼの水が乾いてしまい、その乾いた田んぼを平気で掻き回せば、そこに育つはずの稲は、みな枯れてしまう。同じように腰痛も、その腰椎を囲んでいる筋肉に潤いがなくなり、冷えて硬くなったのである。だから絶対に、この枯れた場所を引っ張ったり、強く押したりしてはいけない。

それでは何故椎間板ヘルニアになるのだろうか。これは腰をチョットひねったり、重いものを持ったりしたとき、誰にでも偶然に起きるものだろうか。

決してそうではない。椎間板ヘルニアになりやすいのは、いつも腰が痛い人に多い。腰だけでなく、首も重く、目も疲れている。太ももの裏、ふくらはぎ、ひざの裏、アキレス腱の外側、これらの筋肉に血液が通わなくなっている。これは内臓下垂によって大きな動脈と静脈が流れている両脚の付け根を圧迫して、気血の流れが下半身に流れなくなっているからである。

だから、ぎっくり腰は太ももの裏側とアキレス腱の外側に天地人流気功《あわや》や温灸を施すことにより、自分で治すことができる。すべては気血の滞りであり、この場合では腎臓と膀胱経絡《けいらく》線上の気が滞ったために生じた現象である。

「やってはいけないこと」余談

ここまできて、私の勢いづいてきた鉛筆が急に止まってしまった。今まで四百字詰原稿用紙で二百二十五枚を短時間で書いてきた。横では秘書がタンタンとパソコンで清書している。

あと、何を書けばいいのか。

私は、読者に今回、何を伝えたかったのか。

ここでもう一度、振り返ってみよう。

「アワヤの掟」という本の題名なら、「絶対にやってはいけないこと」は掟破りだ。でも私を含む人類は、この百年間に「絶対にやってはいけないこと」をすべてやってきてしまった。

「天地人《あわや》の館」総主・村上勝夫の著書に、『人間の設計図』（平成五年九月の出版）がある。今まで誰も知らなかった世界、人間の生まれる前から死後までを、これほど詳細に、丁寧に書いた本はそう多くはない。でも、誰も読んでいない。ただ仙人に縁あった少数の人たちが、自分たちの〝治療器具〟として使っているだけである。

こんなに素晴らしい本が、何故売れないのか。何故、「本当の自分を知りたい」と願っている世間一般の人々に伝わらないのか。

そんなことはない、私はチャンと『人間の設計図』を読んでいる、という人もいるだろう。でも悲しいかな、読めていないのである。極端に言えば、たった一行も読めてない。また、自分が読めていないことに気付けない。

人間は平等ではない。読む能力にも差が出る。もともと人間に一から十までの階級があるとすれば、千人が『人間の設計図』を読んでも、すべてその内容が分かる人はただ一人、著者・村上勝夫だけであり、総主の能力を最高位の「十」とすれば、総主以外に「十」を分かる人はいない。「九」を分かる人は、「十」の人が何を考えているのかだけが分からないが、「九」以下「一」までの人の考えは、すべて分かる。

「一」の人は何も分からない。彼らから見れば、能力「二」以上の人は気違いだ。何か寝言を言っているようにしか理解できない。これはここに書いてもしょうがないことだが、ズバリその通りなのである。例をあげてみよう。『人間の設計図』の著者・村上勝夫の直筆からの引用だ。冒頭の頁は「この本をなぜ書いたのか」となっている。

『人間の設計図』、どうしてこのような本を発行しようとしたのか。それは、全人類に必要だからである。

これだけで読めれば、たいしたものである。

「私は読めた」と言う人。この設計図一冊を最後まで読んで、読者も含む全人類に必要だと何を納得したのだろうか。「納得したのならば」と総主は言う。

「やろうと思ってできることはすぐにやれ、やれないことは考えるな」

あなたは設計図を読んで、何をすぐにやったのだろうか。「権利と義務」を含めて生かされていることに感謝し、全人類にそれを伝えようとしたのだろうか。

私は、あなたを責めているのではない、世間の人たちが読めないから、仙人の考えは世の中になかなか伝わらないのである。

『人間の設計図』は難しいということで、㈱天地人《あわや》の田島社長は自費で、『人間の設計図』解説のための本を四冊出版した。

◎ 大自然の気による医療革命　たま出版　平成六年九月発行
◎ 大自然の気による教育革命　たま出版　平成七年一月発行
◎ 大自然の気による経済革命　たま出版　平成七年五月発行
◎ 幸せをつくる子宮　三修社出版　平成八年十月発行
村上勝夫監修
山郷美由紀著
あなたの幸せは子宮がつくる　平成十年再版

いずれも初版五千部ぐらいで終わり、最後の「子宮」の本だけは題名だけ変わって第二版が出て、台湾でも出版されている。

この四冊は、どれをとっても内容が素晴らしい。でも再版には至っていない。各巻の巻末記載「天地人《あわや》流気功導引道場」と所属指導員だけはコロコロ変わる。なんなんだろう。

総主の夢は大きい。全国に一万人の総主と同じ考えを持つ指導員養成そして、気功導引指導者の養成専門学校設立などである。

私も仙人をもっと世の中の人に知ってもらいたいと願い、その後二冊の本を自費で出版した。

◎　創られた通りに生きるための
「洗心」という癒し　たま出版　平成九年八月発行

◎　創られた通りに生きるための
「導引」という癒し　たま出版　平成十年八月発行

そして次は、今書いている『アワヤの癒し』である。

今回のこの本を書いた目的は、日本の各界リーダーに「人間とは何か」を知らずに、戦後サラリーマンの成り上がりとして社長・会長になり、胸を張って日本の行き先を決めていったその決定の誤り、そして日本の政治・経済・教育をここまで崩壊させたのは自分たちであったことに、気がついて欲しかったからである。そして今後指導者が「前車の轍《てつ》」を踏まぬよう、人間には階級があり「自分とは何か」を承知してこれからは行動して欲しいためだ。


でも、もう間に合わない。

日本経済は、あと二年たたずに崩壊するだろう。この影響は世界中に波及する。そして地球崩壊のあおりで、ダブルパンチで政治・経済・教育が混乱する。過去の常識は通用しなくなり、人びとは「こんな筈じゃなかった」と町中で殺人、暴動を起こすだろう。

人はどんどん新しいウイルスなどで倒れ、「一九九九年七月」の予言をしたノストラダムスじゃないけれど、地球全体が騒がしくなる。

ハルマゲドン、人類の終末というのは来ないが、常識社会の崩壊という、今まで経験したことのない素晴らしい舞台がもう開幕しようとしている。これまで待てずに死んでしまって舞台を見られなかった人たちにはお気の毒だが、よくぞ今の時代に生まれてきたと、私の神魂に感謝しよう。

「絶対にやってはいけないこと」をこれ以上書き続けることは、何かバカバカしくなってきた。あなたの神魂さえ許せば、何でもできるのだから、どうぞご自由にやって下さい。でも何かに憑依され、神魂のアドバイスも聞かないで、せっかくのこの人生を無駄に過ごすのもバカバカしいのではないか。

少なくともこの本を最初から熱心に読まれてきたあなたなら、ここで私が言っていることもキットお分かりになっていると思う。

今は若い人まで老後の心配をしている。両親や学校は何を教えているのだろうか。人を教えることなど、到底不可能だ。

ボランティアなどやって、人を救うことだって到底不可能だ。

女房や夫、子供も救うことのできない私たち。もういいではないか。これからはそう無理をしないでやっていこう。

他人はどうでもいいのだ。

自分だけは、「天の気」、「地の気」、「人の気」のバランスが取れた楽しい生活を送ろうじゃないか。

むすびに代えて

性はいやらしいことではない。神聖な行為である。子供を産む母体を内臓下垂、子宮下垂から守るためにも、天地人流気功導引術《あわや》を習得して、しっかりと深呼吸をして、下垂を防ぐための腹筋の力を強くして欲しい。

そして男の仕事は、相手の女性の子宮を上げることである。

必要以上の男女平等という教育や、カロリーたっぷりの給食により子宮下垂し、生理が戦前より早く始まった女の子。現代の教育者は、何をどうすればいいのかも分からない。

「絶対にしてはいけないこと」の一つは、女性が生涯独身で男を寄せ付けないことである。女性の仕事は健康な子供を産み育てること。男は女にとって、二十四時間必要なパートナーなのである。心を支え、体も支えられて、初めてこの世での使命、出産が経験できるのである。

子供を創るために必要な性行為ですら満足にできない男と女が増えてしまった。リュウマチ、不妊症などで悩んでいる女性は医者へ行っても治らない。一度全国にある「天地人《あわや》の館」本部支部を訪ねてみてはどうか。

人は言う。「天地人《あわや》の館」は、宗教だ。そんなに人がカンタンに治る筈がない。危ない！　行けば何百万も金をだまし取られる。絶対に行くなと。

そして心や体の具合が悪い人は、監視役として、父母、親友など保護者を連れてくる。でも例えば東京本部（五反田）に来訪してみて驚く。祭壇もなく、教祖もいない。何も強制されず、お金も取られず、おまけにお茶やお菓子まで出て、悩みを聞いてくれる。

仙人は言う。

「人間が人間の形をしてから教え始めたのが、今の宗教である。だが人間は生まれる前から、生きるために必要な知識を持参してこの世に形として現れてくる。神さまも既に自分の中に「神魂」として生まれる以前から入っている。そして父親と母親から、二千五百人ずつ、先祖直属の霊を神魂が統括している。

人は、天と地との間にしか生まれてこない。そして誰でも大自然の気（アワヤの掟）の中で育っている。今、人に必要な、本当に正しい知識、それが『人間の設計図』である。科学や医学など、学問には関係なく、自然と人間の関係と、人間の創られ方の道理についてが書かれてある」

何人も「人間の設計図」を否定できない。

ここに書かれた「アワヤの掟」を破り続けるものの肉体は完全に滅びる。大自然の道理に反しては、生きられない。

私は今、ここ、阿武隈山系丘陵地帯の山の中に住んでいる。海抜三百七十メートル。南西に開けた森の中である。日当たりもよく、都会の雑音もない。

今では毎朝、仙人にお願いして電話で気を送ってもらっている。お蔭様で私の半身不随も、だいぶよくなった。秘書にはいつも注意される。

「ホラ、ひざが曲がっているよ。右脚引きずっているよ」

早く、去年までのように駅の階段を二段跳びに駆け上がれるようになりたい。キットなれる。

仙人も感心してくれた。

「社長、よく心配しないな。不安にならないな」

まったくそうだ。私は体内に、いつ破裂しても不思議ではないバクダンをたくさん抱えている。不整脈からの心臓発作、網膜剥離、白内障、緑内障、そして半身不随の突然の再発など心配したらキリがない。恐怖は自分の中で育て、その恐怖が自分を食べつくすほど大きくなる。

私は今の一瞬、生かされていることに感謝して、この原稿を書いている。この和風の家は一年前に、私の社長退職金と家内の遺産で建てた一軒家である。総主は家が出来上がったとき、すぐにやって来てくれた。各部屋を一つずつ廻って気を入れてくれた。床の間には仙人が気を入れてくれた大きな玉石の香炉も安置されている。何故か、石は冷たいのに触れると仙人の温かい気を感じる。

何カ月かに一回、仙人は福島の私の家を訪れる。そのせいか、この家全体が「気入り」になり暖かい。配達に来る人までも、何故か玄関に入ると落ち着くとのことである。

今日もこの原稿が完成に近くなり、秘書も忙しい。東京本部、地元からもそれぞれ一人ずつ来てくれ、食事の準備などをしてくれる。そしてこの人たち全員が三十代の女性で天地人《あわや》の指導員でもある。

私は恵まれている。本来一人で住むはずの家が、いつも若い女性たちで賑わっている。彼女たちは、体の調子が悪くなると勝手にやってきて、何やら冗談を話し合い、「ああ、スッキリした」と言って帰る。顔色も玄関を入ってきたときとは変わって、明るく輝いている。本当に具合の悪いときは、床の間のある座敷で香炉に足を向けて、一時間ぐらい横になっている。天地人《あわや》流気功導引で邪気を自分の体から抜いて、スッキリして帰る子もいる。みんな勝手にきて、やりたいことを勝手にやって、お腹がすいたときは手作りの料理も準備して、居合わせた者同志で食べる。なぜか天地人《あわや》の集会所みたいでもあり、「誰も治療しない治療院」のようでもある。

仙人は勝手にここを天地人《あわや》の福島本部とも呼んでいる。近い将来、名実共にそれなりの拠点として活動できれば嬉しい。

追記（その1）

濁流に呑み込まれ、この世を去った人たち

さて、最後に平成十一年夏の集中豪雨で、十数人が突然増水した濁流に呑み込まれ命を失った事故につき、私の見解を述べるときがきました。この本を既に読まれた方はお分かりのことと思いますが、あなたの魂は永遠に変化成長を続けるのです。今生で入ったあなたの魂は、新しくあの世でできたものです。それがあなた自身と納得するのはそれでいいのですが、その表現では「魂とは何か」が誤解されそうなので、もう少し詳しくお話しましょう。

他人と自分を比較するのは罪悪です。どうしてあなたは濁流に呑まれた十数人を気にするのでしょう。

★流産でこの世を見ないで死んだ胎児、出産後数カ月で死んだ赤ちゃんなどについてきっとあなたは二つの疑問があるはずです。

①この世で短命だった人は、長命の人より不幸ではないのか。

②そんな一年足らず地球上に生まれてくるのに何の必要と意味があるのか。

★これを理解するためには、あなたの魂を別の見方で見る必要があります。

①先ず、あなた自身の魂は死後消滅したり、なにかと合体したりはしません。独立したあなた自身なのです。でももっと広く見れば、あなたの神魂と一緒に過去何回、何十回となくこの世で暮らしてきた体験を持つあなたの数多くの直属先祖霊(今生の魂には入っていないけれど)も、あなたの魂の一部なのです。あなたは無意識の中に、それらの直属先祖霊たちの貴重な体験も共有しているのです。だから、あなたは今生で物質的存在でありながら、幽界でも同時進行で生きているのです。

濁流に流されて死んでいった人たちは、一人ひとりの潜在意識のなかで、死ぬ二、三日前から死後、あの世で何をするかまで決まっていたのです。

②魂にとっては、幸、不幸という区別などありません。直属先祖霊たちは極端に言えば、あなたを通して、この世でも生きているのです。この世で短命か長命か、これは経験の質が違っているだけで、そういう点では、長命も短命もそれなりに意味のあることなのです。

追記（その2）
私はあなたであり、あなたは私なのだ

神魂は、いつでも一つであり、これ以上の分解はありません。

死後、直属先祖霊五千人を幽界で解散して、一人で神界にある魂の古里へ帰ります。

魂の古里には、神魂の母体があり「ご苦労さま」と今世を生き抜いた魂を迎い入れます。

神魂の母体と言うのは、一つの総合体で、過去何十回となく、そこから分身の神魂が地上に派遣されて、また母体に帰ってくるのです。だから魂の古里にある母体には、ここから派遣された数多くの神魂の地上での体験が、すべて蓄積されています。もちろん、今回地上に派遣された神魂も、母体に蓄積された知識を共有しています。

一方、神魂と一緒に今回入ってきた直属先祖霊五千人は、それぞれ三世を生き抜いた人たちです。その各々の先祖霊五千人の過去の体験も、この世でさらに先祖霊自身のこの世の体験をプラスしながら成長しているのです。

つまり、

①私という心と肉体をもった一つの人格をもつ有機体も、この世で毎日、毎刻の新しい体験を蓄積しながら成長している。
②私に入っている神魂も、この私の地上の経験を蓄積して絶えず成長している。
③直属先祖霊五千人の先祖霊各人も、今世で私という体と心を使って貴重な体験を積みながら成長している。

人間は誰でも、この世とあの世を同時進行つまり「多次元の世界」で成長しながら生きています。他界には時間軸はありません。「三世を生きる」とはこの世の尺度で見るから、そのような表現になるだけなのです。過去や未来という言い方のほうが一般の人には分かりやすいからなのです。

この本を読破していただいた人に、私は言いたいのです。

過去、現在、未来というものは、実は存在しないのだと。

そして、私はあなたであり、あなたは私なのだと。

〈天地人　お問い合わせ先〉

㈱天地人
代表取締役社長　田島律子
〒三七〇―〇八六一
群馬県高崎市八千代町一―一七―六
山田ビル一F一〇六
TEL〇二七―三二七―一三六六
FAX〇二七―三二七―六五六八

指導員　増山義則
〒三二六―〇八二二
栃木県足利市田中町九〇五―一八
TEL〇二八四―七三―八四五三（FAX兼）

㈱天地人東京本部
代表取締役社長　高津一夫
指導員　後藤寿美子　小金井淑江
〒一四一―〇〇二二
東京都品川区東五反田一―四―九
五反田スカイハイツ三〇七
TEL〇三―三四四八―〇三五八（FAX兼）

㈱天地人東京本部　福島支部
社長　高津一夫
指導員　佐藤そよ子
〒九六三―七七　八
福島県田村郡三春町大字過足字紙漉二三八―二八
TEL〇二四七―六二―一八七二（FAX兼）

天地人流気功導引道場　神奈川支部

支部師範　加藤和子
指導員　加藤美和
〒二二八―〇八二四
神奈川県相模原市相武台一―一七―三
　　宮島ビル一Ｆ（野草喫茶マーガレット）
ＴＥＬ〇四六二―五一―四六七〇（ＦＡＸ兼）

指導員
高橋久子
〒二二九―〇〇一一
神奈川県相模原市大野台三―二六―一一
ＴＥＬ〇四二―七五八―二三〇五

江森利之・真由美
〒二二九—〇〇三四
神奈川県相模原市共和三—九—三五
TEL〇四二—七五四—九二〇八
携帯　〇九〇—二三一九—七一一二

天地人流気功導引道場　北関東支部

本部師範　松本利男
〒三七〇—〇〇〇六
群馬県高崎市問屋町三—二—一
TEL〇二七—二二一—二五五一（FAX兼）

指導員

菊池亜紀子
〒三六二—〇〇二二
埼玉県上尾市瓦葺六六二—一八
TEL〇九〇—一五三九—四〇六七

上村清子
〒三三三—〇八一六
埼玉県川口市差間四三五—九
TEL〇九〇—八八九七—六二七二

栗原明子
〒三七三—〇〇二七
群馬県太田市金山町二〇—一四
TEL〇二七六—二二—一四四九

天地人流気功導引道場　関西支部

支部師範　安尾　弘
指導員　安尾かおる
〒六五一―一一三二
兵庫県神戸市北区南五葉三丁目二―八
TEL〇七八―五九六―一〇五五
FAX〇七八―五九六―一四一八
E-mail:alfan@msn.com
E-mail:alfan@lily.ocn.ne.jp

天地人流気功導引道場　東北支部

支部師範　佐藤裕一
〒九八二―〇〇二六
宮城県仙台市太白区土手内一丁目一七番九号
TEL〇二二―二四九―四三六三

天地人流気功導引道場　横浜支部

支部師範　高田　篤

〒二二四―〇〇三七

横浜市都筑区茅ヶ崎南五―一―四〇

ラダック茅ヶ崎三〇一号

TEL〇四五―九四五―二四六〇（FAX兼）

その他

静岡地区　指導員

市川伸子

〒四一八―〇〇四七

静岡県富士宮市青木三八四―二

TEL〇五四四―二三―九三四七

E-mail:neko@mail.webfujiyama.or.jp

川又利之・順子
〒四一四—〇八五五
静岡県富士市富士見台六—四—二
TEL〇五四五—二二—〇八七五

謝辞

昨日、久しぶりに仙人に会った。本年最後の天地人《あわや》指導員強化合宿である。仙人は私のこの本の出版を喜んで、きっと来年はお互いに忙しくなりそうだと話していた。

この二泊三日の合宿中も、朝に、晩に、私の部屋へ来られて私の体に仙人の気を注いでくれた。合宿中の宴会で気がついたら、お酒を注ぐお銚子を持つ手も震えなくなっていた。一年前はビール瓶でも、コップに注ぐ手がガタガタと揺れていて、うまく注げなかったが、この一年間ですっかりよくなってしまった。嬉しかった。この有り難さは、一度お酒をうまく盃に注げなくなった経験者でないと実感が出てこないかもしれない。

この本の出版では、たま出版の韮澤潤一郎名誉会長と、編集部スタッフの方々にいろいろお世話いただいた。そして本の題名も原稿では『アワヤの掟』だったが、『アワヤの癒し』に変更した。ヤクザの掟ではないが、掟破りは死刑である。大自然の掟を破った人間は自然界から抹殺される。それにしても、「掟」というコトバは本の題名を見られた方からは厳しすぎるような印象を与えることに配慮したものである。それで本文中の文章はすべて『アワヤの掟』（題名）を仮定して書いたが、文には勢いが走っているので、特に必要とする所以外はそのままとした。悪しからずご了承願いたい。結果として、『「洗心」という癒し』、『「導引」という癒し』、そして『アワヤの癒し』という三冊の「癒しシリーズ」となってしまった。来年は、今年よりも政治、経済、教育など各界にこのままでは「世の終わり」を告げる嵐が吹きまくることだろう。

熱暑の砂漠で旅人は、オアシスの水で肉体を癒される。「東京砂漠」で働く人びとには「心の癒し」が必要となる。本書はきっとその役目を引き受けてくれることだろう。

平成十一年十一月二十九日

髙津一夫

■著者略歴

高津一夫（たかつ　かずお）
昭和2 (1927)年生まれ
慶応義塾大学工学部電気工学科卒（1951年）
後，直ちに，㈱フジクラ入社
この間，マレーシアの㈱フェデラル・ケーブル再建に従事（1975〜78年）
その後，㈱藤倉ゴム社長、㈱藤倉航装社長を経て，
現在，㈱天地人　東京本部　社長
他に，㈶日本カウンセリング・センター　常任理事
N. Y.アクターズ　ワークショップ（俳優養成塾）副校長
を兼務

アワヤの癒し
初版一刷発行　二〇〇〇年二月一日

著　者――高津一夫
発行者――細畠保彦
発行所――株式会社たま出版
東京都新宿区西早稲田三―十三―一
電話　〇三―三二〇二―一二八一（編集）
〇三―三八一四―二四九一（営業）
振替　〇〇一三〇―五―九四八〇四

印刷所――東洋経済印刷株式会社

ISBN4-8127-0121-X　C0011